BILLY GRAHAM

TENSIÓN, SOLEDAD, ENFERMEDAD, DEPRESIÓN, TRAGEDIA, MUERTE. EN MEDIO DEL DOLOR QUE NOS AFLIGE A TODOS LLEGA UNA SORPRESA EN...

ESPERANZA PARA EL CORAZÓN AFLIGIDO

Publicado por
Editorial **Unilit**
Miami, Fl. U.S.A.
Derechos reservados

Primera edición 1992

Originalmente publicado en inglés con el título:
Hope for the Troubled Heart por Word Publishing
Waco, Texas U.S.A.

Traducido al castellano por: Guido Castellanos

Impreso en Colombia
Producto 498497
ISBN 1-56063-213-5
Printed in Colombia

Contenido

Prefacio

En los viajes que he realizado a lo largo de los años, me he dado cuenta de que la gente es igual en todas partes del mundo. Sin embargo, en estos últimos años he notado que hay un problema que ha ido en aumento, y yo lo resumiría empleando el término "desesperanza". Puede que sea por el hecho de que las noticias de dificultades, problemas, desastres, guerras, etcétera, nos llegan instantáneamente; en contraste con el pasado, cuando no era extraño que las noticias de algún evento se tardaran semanas, meses y hasta años en llegarnos. Pero hay un mal más engañoso aun: que los miembros de las sociedades más opulentas padecen de desesperación y falta de esperanza.

La esperanza es quizás la mayor necesidad psicológica, espiritual y médica que tiene todo ser humano. El doctor McNair Wilson, renombrado cardiólogo, afirmó lo siguiente en su autobiografía titulada *Doctor's Progress:* "La esperanza es la medicina que utilizo más que ninguna otra: la esperanza puede curar casi cualquier cosa".

Recuerdo que hace años el doctor Harold Wolff, profesor de medicina del Colegio de Medicina de la Universidad de Cornell, y profesor asociado de psiquiatría, dijo: "La esperanza, al igual que la fe y el tener propósito en la vida, tiene propiedades medicinales. Lo antes dicho no es precisamente una declaración de fe: se trata más bien de una conclusión, demostrada por el experimento científico meticulosamente controlado".

La esperanza es asunto vital para el hombre, tanto en el aspecto biológico como en el psicológico. El ser humano necesita esperanza; sin embargo, gran parte de la humanidad vive sin la misma. El apóstol Pablo, hace dos mil años, escribió a los efesios y les hizo saber que la civilización romana de sus días vivía sin esperanza. Nuestro mundo actual es muy parecido al de aquel entonces. Nos empeñamos en vivir normalmente prescindiendo aun de la esperanza más elemental, y en cada aspecto de la vida nos tropezamos con el fracaso. Estoy convencido de que *Esperanza para el corazón afligido,* escrito con la colaboración de varias personas, no sólo servirá de ayuda sino que transformará las vidas de muchos que se den a la tarea de leerlo. Lo publico con la oración de que traiga nueva esperanza a miles de afligidos por la terrible enfermedad de la desesperanza.

Este libro se ha escrito especialmente con la ayuda de mi vieja amiga, Carole Carlson; de mi querida esposa, Ruth, quien aparentemente posee recursos inagotables acerca de cada asunto sobre el que he escrito; mi amiga, Millie Dienert, quien tuvo la gentileza de revisar el manuscrito, durante nuestro reciente viaje a Moscú, y hacer algunas sugerencias; y de mi reducido personal en Montreat, en particular, Stephanie Wills, quien se dio a la tarea de mecanografiar todos los cambios que se hacían en el manuscrito. Quiero también dar las gracias a las editoriales "Word Publishing", que lo dio a la luz originalmente en idioma inglés y "Editorial Unilit" en esta versión al español por la paciencia que tuvieron al esperar largos meses, mientras que terminaba de escribir el libro y a la vez cumplía con obligaciones que no se hacían esperar.

Que Dios bendiga este libro y que lo utilice para dar aliento a miles de personas e infundir esperanza en tantos que la necesitan.

Billy Graham

Europa, verano de 1991

1

Un mundo
en aflicción

VOCES PROCEDENTES DE CORAZONES afligidos: "¡Nuestro hogar se ha convertido en un campo de batalla! No me hablen sobre la guerra internacional. !Yo quiero saber cómo hallar paz en mi hogar!" ... "A mí me violaron. ¿Cómo podré jamás librarme de esos recuerdos o de mis horribles temores?" ... "He perdido mi empleo y estoy en peligro de perder también mi casa. No me hablen acerca de la depresión de la bolsa de valores!" ... "¿Cómo podré criar hijos sanos cuando todo lo que tienen a su alrededor son malas influencias?" ... "Me preocupa más lo que contamina la mente de mis hijos. Ellos son la especie que está en mayor peligro de extinción" ... "Tenemos buena casa y buenos automóviles. Cualquiera podría llegar a la conclusión de que soy feliz. Sin embargo, me siento vacía. Ya no confío en mi esposo y, además, me siento tan sola".

"A la actual generación le ha de tocar atravesar por las llamas. Se trata de la generación que está bajo fuego de artillería. Es la generación atormentada. La presente generación está destinada a vivir en medio de la crisis, el peligro, el temor y la muerte. Somos como un pueblo que ha sido sentenciado a muerte, que sólo espera el día en que se ha de cumplir la sentencia. Presentimos que algo está a punto de ocurrir. Sabemos que las cosas no pueden continuar como van. La historia se ha metido en un callejón sin salida. Avanzamos por un camino que conduce a la destrucción. Estamos a las puertas de un descalabro".

El párrafo anterior lo escribí en 1965.

En aquel entonces muy pocos pensábamos que el mundo podría empeorarse mucho más y seguir subsistiendo. Pero yo estaba equivocado. El mundo se ha empeorado en muchos aspectos y hemos subsistido. Sin embargo somos un mundo afligido, un mundo que padece en conjunto por la violencia de la naturaleza y del hombre; un mundo en el que sus habitantes individualmente tienen el corazón afligido.

Por el hecho de que hoy la comunicación es instantánea, nuestro planeta ha sido reducido al tamaño de una pantalla de televisión. Aunque la comunicación entre esposos y esposas y entre padres e hijos es deficiente, con poca dificultad podemos presenciar en la pantalla los eventos de una guerra en el momento en que se está llevando a cabo. Podemos, con sólo oprimir un botón, convertir un cómodo salón en un campo de batalla en el extranjero o en un disturbio callejero.

Todos nuestros hijos ya son adultos y están casados. Y en la actualidad tenemos —al menos la última vez que contamos— diecinueve nietos. No les puedo prometer que el mundo en que vivimos habrá de mejorar. Con todo mi ser quisiera librarlos de la aflicción. Pero me doy cuenta de que estamos en presencia de un mal universal que afecta la civilización. Esta realidad me da muy poca esperanza de que el hombre, por sí solo, pueda alterar el curso que lleva la historia de la humanidad, para que el mundo sea mejor.

Desde que mis hijos eran niños hasta la fecha se han realizado obras deslumbrantes. El hombre llegó a la luna y los proyectiles "Patriot" han interceptado y destruido a otros proyectiles en el aire. Se han batido récords en los deportes y se inventaron el horno de microondas y la videocasetera (VCR). Ciertamente nuestra época ha visto grandes cambios científicos.

Pero, ¿hasta dónde hemos llegado? ¿Estamos en mejores condiciones en los noventa de lo que estuvimos en los sesenta? En 1965 afirmé que la mayoría de los expertos, analistas, filósofos y gobernantes actuales, estaban convencidos de que el ser humano estaba enfermo. Algunos de ellos concluyeron que la humanidad ya se hallaba en un estado irremediable. ¿Ha mejorado el paciente o es de muerte la enfermedad?

La aflicción que causan las guerras

Los historiadores nos dicen que no ha habido paz en ninguna época de la historia. Desde el principio del siglo décimoctavo, el mundo ha disfrutado sólo de once años de paz. Y es probable que durante esos once años haya habido pequeñas guerras, en lugares apartados, de las que nunca se supo.

En 1982 me invitaron para que dirigiera la palabra a los participantes de una conferencia para la paz, efectuada en Moscú. Después de haberlo pensado seriamente y de haber buscado el consejo de personas en quienes confío —pero sobre todo el consejo de las Escrituras—, decidí tomar parte en dicha conferencia. Me criticaron duramente, pero Dios utilizó mi participación para abrir puertas en Europa oriental. Esto fue un factor influyente para la puesta en marcha de la gran cantidad de cambios que se han realizado en la Unión Soviética. El discurso que allí pronuncié, basado en lo que enseñan las Escrituras sobre la paz y la guerra, lo citaron repetidas veces en toda la parte oriental del mundo.

Pero, hasta dónde hemos llegado?
¿Estamos en mejores condiciones en los noventa de lo que estuvimos en los sesenta?
¿Ha mejorado el paciente o el diagnóstico es de muerte?

La Organización de las Naciones Unidas proclamó a 1986 como el Año Internacional de la Paz. ¿Y qué sucedió? El mundo respondió con más de cien guerras, según nos informó el Centro de Información para la Defensa, en Washington.

A pesar de que la falta de paz ha llegado ha ser la norma y no la excepción, un periodista, en diciembre de 1989, afirmó lo siguiente: "Desde la Segunda Guerra Mundial no ha habido una época con tantas posibilidades para lograr la paz mundial, como la actual". Esta fue una nota de esperanza en un mundo agobiado por la guerra. Pero desde aquel entonces hemos sido testigos de la guerra en el golfo Pérsico y de otras guerras de menor importancia. San Agustín, en el cuarto siglo, estaba convencido de que era imposible lograr la paz absoluta en el mundo y de que la guerra siempre estaría con nosotros. El peso de la historia se inclina a favor del criterio de San Agustín y en contra del optimista reportero.

La aflicción que causa la criminalidad

Los delitos violentos, con frecuencia relacionados con la guerra contra las drogas, han aumentado. De todas las ciudades del planeta nos llegan los relatos de tiroteos, apuñalamientos y asaltos, vinculados con el uso de drogas. Un médico, en un hospital de Detroit, afirma que las víctimas más lamentables son los niños. "Hay una generación de seres humanos dentro de esta zona urbana que podrían, con su rendimiento y su servicio, beneficiar a la humanidad; sin embargo, se trata de una generación arruinada. Aquí hay chicos de trece y catorce años de edad que están tan endurecidos como cualquier reo en una penitenciaría. Si les miramos a los ojos atentamente descubrimos miradas frías e indiferentes, carentes de casi todo valor moral"[1]

En Los Angeles, la policía hace más de mil arrestos semanalmente, relacionados con el uso de drogas. Estos arrestos representan menos de veinticinco por ciento del problema en su totalidad. "A pesar de que se han aprobado estrictas leyes contra las drogas, y de la alta vigilancia policíaca, los delitos cometidos en las calles —gran parte de los cuales tienen que ver con el uso de las drogas— continúan en aumento. Los delitos violentos a nivel nacional aumentaron en diez por ciento en la primera mitad de 1990. Durante el mismo período los asesinatos aumentaron ocho por ciento y los robos a mano armada en nueve por ciento".[2] Un informe del FBI (Buró Federal de Investigaciones) mostró que, en estos últimos años, los arrestos por infracciones relacionadas con el abuso de las drogas, aumentaron en forma dramática y peligrosa.

Me encanta la ciudad de Nueva York. En ella tengo muchos amigos, pero las noticias que me llegan de las cosas que ocurren en esa ciudad son desgarradoras. Se nos informa que en Nueva York hay 500.000 personas —casi la población de Boston— que abusan de las drogas. En 1952 hubo 8.757 robos en Nueva York. En 1989 hubo 93.387. El semanario *U.S. News & World Report,* en 1990, expresó lo siguiente: "Sólo este año han asesinado a veintiún conductores de taxis; más de una chica fue violada y luego lanzada al pavimento desde la azotea de un edificio; a un niño lo ataron y luego le prendieron fuego; y en espacio de sólo tres semanas cuatro niños pequeños murieron por heridas de bala, como resultado de las guerras por causa de las drogas"[3]

---

*Parte de nuestro problema de endeudamiento
es que hemos confundido
las necesidades con los deseos.
Los lujos del pasado se han convertido
en las necesidades del presente.*

La criminalidad no se limita a las calles de la ciudad. La mayoría de los oficiales de la policía concuerdan en que los incidentes más peligrosos son los que resultan de los pleitos domésticos. Las palizas, las violaciones y los asesinatos ocurren hoy también tras las verjas de lo mejor de nuestras ciudades y pequeñas ciudades.

La violencia espontánea, sin existir provocación o motivo, es una realidad en todas partes. Nadie está fuera de peligro.

Somos una nación que vive tras las cercas y las rejas de hierro. Y lo mismo está ocurriendo en el Reino Unido, en Brasil y en muchos otros países.

La aflicción que causa el desplome económico

El fraude se ha difundido por todas partes. En el mundo financiero la deshonestidad afecta los bolsillos de muchos. Como resultado del desplome de una importante institución de ahorros y préstamos, es probable que a los contribuyentes norteamericanos les haya tocado pagar cerca de dos mil millones de dólares adicionales de impuestos.

Los precios de los bienes raíces sufren tantos altibajos, que las instituciones financieras se ven obligadas a lidiar de continuo con el problema de los préstamos. ¿Cabe alguna duda de que somos una nación endeudada?

Parte de nuestro problema de endeudamiento es que hemos confundido las necesidades con los deseos. Los lujos del pasado se han convertido en las necesidades del presente.

Uno de los más conocidos corredores de bienes en Wall Street resumió la anterior idolatría materialista en un discurso que pronunció ante los graduados de una escuela universitaria de negocios. El dijo: "La codicia es beneficiosa para ustedes". Pero a él no lo benefició tanto, porque poco tiempo después fue objeto de acusaciones hechas por el gobierno federal, por supuestos actos ilegales.

El *Wall Street Journal* anuncia en un titular: "Perspectiva sombría". La infección se disemina a medida que la crisis aumenta y se ponen de manifiesto los temores por todo: desde los fracasos bancarios hasta el pánico financiero a nivel mundial.

La aflicción que causa el fracaso familiar

Ningún asunto es más importante para mí que el de la familia. A veces me da la impresión de que me va a estallar el corazón, cuando veo los resultados del divorcio, la infidelidad y la rebeldía. El fundamento moral de nuestra nación está en peligro de desmoronarse, por el hecho de que las familias se están desintegrando y los padres no cumplen con sus responsabilidades. ¿Acaso no es una ironía el hecho de que la gente vitoree y aplauda a las parejas que por más de veinticinco años han estado casados? En un programa de televisión di a conocer que mi esposa y yo hacía cerca de cincuenta años que estábamos casados y que nos amábamos más que nunca. ¿Y qué ocurrió? El aplauso del público fue ensordecedor. Parece que estaban sorprendidos, por lo poco común de casos como el nuestro.

Los resultados de la desintegración familiar son manifiestos por todas partes: hijos que abandonan el hogar; abuso infantil; abortos. Es como ropa sucia —en el pasado tendida en el traspatio de la nación pero ahora colgada desvergonzadamente en el frente de la casa— exhibida en titulares y exaltada en la televisión y las películas.

Una de las consecuencias del fracaso familiar ha sido la pérdida de la dignidad. El mejor ejemplo lo encontramos en el hablar de la gente. Las malas palabras abundan en las películas, en la televisión, en el teatro y en la vida real. La revista *Time* pregunta: "¿Están destinados los noventa a ser la década de la obscenidad?"[4]

La mayoría de las personas decentes se preguntan qué impacto ha de tener la cultura de lenguaje obsceno en la primera generación que se está criando bajo su influencia. En la música y en las comedias se hace burla de la decencia humana de una forma tan obscena, que aun cuando leemos acerca de las mismas nos da náuseas.

¿Nos sorprendemos por alguna cosa ya? Tal vez los padres se queden boquiabiertos por algo, pero a la juventud actual nada parece causarle conmoción. ¡Esto, por si solo, es causa de conmoción!

Un comentarista de noticias afirmó: "Desde los traumas del asesinato de Kennedy y la guerra de Vietnam, muchos norteamericanos han ido gradualmente cerrando sus mentes a lo que son las atrocidades. Salen adelante ante los horrores de este mundo haciéndose insensibles al dolor. Derraman lágrimas al presenciar o escuchar el relato de ballenas atrapadas o de un bebé que se ha caído en un pozo, pero con harta frecuencia todo lo demás —desde las promesas de los políticos hasta el desastre de Chernobyl— es puro teatro, expresado con ironía y con chistes de mal gusto. Los niños del presente han sido engendrados en este ambiente. Y habiendo tantos padres a los que nada les importa, no es de sorprenderse que los hijos no se conmuevan por nada".[5]

La aflicción que causa un planeta ultrajado

Los noventa se están convirtiendo en la década del interés en el medio ambiente. Al cabo de muchos años de contaminar el aire y el agua, con poca preocupación por las consecuencias, muchos en la actualidad se esfuerzan por ser buenos administradores de la tierra que Dios nos ha dado. El aumento de las temperaturas a nivel planetario, el daño hecho a la capa de ozono, la contaminación de las fuentes de agua, capas de asfixiante aire contaminado y basureros repletos, son sólo algunos de los problemas que merecen atención.

Hace más de veinte años, en una época en la que el término ambiente significaba simplemente el medio en el que vivíamos y no una especie en peligro de extinción, Francis Schaeffer escribió, en su libro titulado *Polución y muerte del hombre,* lo siguiente: "La clara realidad es que si el hombre no es capaz de resolver sus problemas ecológicos, entonces sus recursos se acabarán.... Esto significa que todo el peso del problema ecológico cae sobre los hombros de la presente generación".[6]

Ciertamente este problema nos lo han echado encima a nosotros. Hemos avanzado un poco en el camino de la solución de estos problemas, pero este planeta maltratado se parece a un hombre que fumó durante toda su vida sin resultados adversos, hasta que un día le descubren un cáncer pulmonar. Nuestros recursos naturales han sido malgastados y maltratados por demasiadas generaciones, por lo que hoy estamos padeciendo las consecuencias.

La aflicción que causa la abundancia

Alguien ha dicho que los norteamericanos poseen mayores riquezas, tienen más automóviles, son dueños de mayor número de casas y escriben mayor cantidad de libros que cualquier otra nación. Si viviéramos en Bangladesh o en los barrios pobres de Calcuta, la idea del sufrimiento en medio de la abundancia nos parecería absurda. No obstante, en los Estados Unidos de América, donde el nivel de vida es uno de los más altos del mundo, la realidad de una vida confortable produce una enfermedad espiritual. Una carta escrita por uno de los obreros de *Samaritan Purse* (La Bolsa Samaritana), organización que provee ayuda para gente sufriente a través de todo el mundo, y que dirige mi hijo Franklin, provee un ejemplo de cómo la opulencia puede causar aflicción. Este obrero escribió lo siguiente:

> Un día me encontraba yo en uno de los enormes campamentos, donde ciudadanos de la India que vivían en Kuwait aguardaban la repatriación. Esta gente había pasado días enteros en autobuses, atravesando el desierto abrasador. Observé a una señora, junto a sus hijos pequeños, que estaba muy afligida. Y cuando me le acerqué me enteré de que había dado a luz tres días antes de haber sido evacuada de Kuwait. El bebé estaba sucio y maloliente. Me complació mucho el poder proveerle todo lo que al bebé le hacía falta y facilitarle a ella atención médica para algunas de sus necesidades de más urgencia. La madre se mostró profundamente agradecida. Al continuar dialogando, nos enteramos de que en el pasado ella había andado en los caminos del Señor. La abundancia y la comodidad de que disfrutó en Kuwait la hicieron alejarse de Dios. Su amor hacia el Señor se había enfriado. Cuando le aseguramos que Dios estaba dispuesto a perdonarla, entabló nueva comunión con Dios y, al despedirnos, se regocijaba en el consuelo y el cuidado que le proveía el Señor.

> Casi al finalizar la conversación, me dijo: "Le doy gracias a Dios por haber permitido que perdiéramos todo en Kuwait, para hallarlo a El de nuevo".

> *El materialismo puede hacer lo que*
> *un invasor extranjero jamás esperaría lograr:*
> *quitarle a una nación su*
> *fortaleza espiritual.*

Mi esposa conversaba con una joven cristiana que acababa de llegar a este país, procedente de un país cuyo sistema de gobierno es contrario al cristianismo. La mujer estaba sufriendo un choque cultural. Ella le dijo a Ruth lo siguiente: "Me parece que en medio de la prosperidad es más difícil ser un cristiano consagrado, que cuando somos perseguidos".

El materialismo puede hacer lo que un invasor extranjero jamás esperaría lograr: quitarle a una nación su fortaleza espiritual.

Aflicciones ocultas y manifiestas

En cada país y en cada ciudad del mundo hay gente que padece aflicciones personales. Algunas aflicciones son visibles, como las del veterano que perdió sus piernas en la guerra. Sin embargo, otras son ocultas, como las de la mujer que ha vivido con el recuerdo de haber sido violada en su niñez.

Durante los años que he pasado viajando por el mundo, he sido testigo de una humanidad que padece aflicción. Algunos parecen sufrir más que otros. Y algunos no pueden comprender por qué su destino ha sido el sufrimiento.

Cuando Alejandro Soljenitsyn describió los horrores de la tortura y de la muerte, en su libro titulado *El archipiélago Gulag,* que es un estudio sobre el sistema de prisiones durante la época de Stalin, puso de manifiesto una pregunta que se hacen todos los que padecen aflicción: "Tanto los más listos como los más lerdos de nosotros sólo son capaces, al trazar toda la experiencia de toda su vida, de decir en voz entrecortada: '¿Yo? ¿Por qué?'".[7]

¿Yo? ¿Por qué?

Cuando el sufrimiento llega a nuestra puerta, el clamor que se oye casi siempre es: ¿Por qué me ha tocado a mí? ¿Cuál es el motivo? Ante las aflicciones, las formas de reaccionar del hombre que no tiene fe en un Dios personal, son tan variadas como lo variado que es el propio sufrimiento. En un parte noticioso que se dio sobre los depuestos líderes kuwaitíes, que intentaban mantener un gobierno en el exilio después de la invasión a Kuwait por parte de los iraquíes, se relató la historia de un médico que había salido de Kuwait y había marchado a Egipto. Un exiliado kuwaití, amigo de él, dijo: "Se encerró en su domicilio y se dejó crecer la barba. No salía para nada. Permanecía sobre la cama contemplando el techo. No hablaba con nadie. Es probable que haya visto cosas extrañas. Cuando regresemos a Kuwait, pienso que debemos llevar cientos de psiquiatras".[8]

El médico kuwaití es como tantos, cuya reacción ante el sufrimiento consiste en recogerse en un mundo privado, sin tener ninguna solución. Otros encuentran excéntricos métodos de escapismo. Después que una actriz de Hollywood fue sometida a una delicada operación, el médico le aconsejó, como método terapéutico, que practicara la meditación empleando trozos de cuarzo.[9]

Sin la guía de Dios, nuestra reacción ante el sufrimiento no es más que un inútil intento de hallarle solución a situaciones que no la tienen. Nos precipitamos hacia el interior de un mundo en el que el sufrimiento se intensifica cada día más, a pesar de los medicamentos portentosos y de los adelantos de la medicina. Bien sabemos que no todo sufrimiento es físico. Hoy, más que nunca, necesitamos aprender a encontrar fortaleza para vivir la vida a plenitud.

Reflejos de desesperanza

Las aflicciones existen desde el día en que Dios le dijo a Eva que iba a dar a luz con dolor. Pero a pesar de las guerras y las plagas del pasado, jamás ha habido una época en la que el espejo del panorama mundial haya reflejado tanta desesperanza.

> *Hoy, más que nunca, necesitamos*
> *aprender a ser fuertes para vivir*
> *la vida a plenitud.*

En 1965 yo escribí que las llamas de la criminalidad, del descontento racial, del problema político y de la inmoralidad, se habían vuelto incontrolables. ¿Con qué palabras podría yo describir ese fuego en la actualidad? Vendría a ser como los pozos de petróleo que arden en Kuwait. De éstos un observador dijo que "parecían un infierno". Si los comparamos con los años noventa, los sesenta nos parecen plácidos y pintorescos.

Ni la política, ni la enseñanza, ni los bienes materiales parecen satisfacernos en el presente. Algunos, negándose a buscar a Dios de corazón, han inventado un movimiento atestado de aberraciones, que lleva por nombre la Nueva Era. El movimiento de nuevo no tiene nada, pues es sólo el último intento por parte del hombre de colocar dentro de sí otra cosa en vez de a Cristo. Pero esto es sólo un inútil esfuerzo para satisfacer anhelos espirituales.

El hombre, a medida que ha buscado librarse de la tutela de Dios, se ha visto sin propósito en la vida. El valor de la persona a menudo se mide por nuestro oficio o profesión. Sin embargo, ante los ojos de Dios, la profesión, la posición social y la cuenta bancaria, no son tan importantes.

No se trata sólo del hecho de que haya tanta gente que no conoce a Dios, sino más bien, de que aquellos que lo conocen muy pocas veces le prestan atención a su voz. Es lamentable que haya tantos creyentes que se han conformado al mundo y a la manera de pensar de éste, en lugar de ser transformados por medio de la renovación de su entendimiento. Nos hemos convertido en una nación de analfabetos bíblicos. Una encuesta hecha por Gallup sacó a la luz el hecho de que, a pesar de que noventa por ciento de los norteamericanos tiene la Biblia, sólo once por ciento de los cristianos la leen diariamente.

El reflejo que la humanidad ve en el espejo, no es en modo alguno halagüeño.

Caminando por los escombros

Es cierto que el sufrimiento individual no tiene tregua y que las aflicciones de este mundo en conjunto continúan. Pero también es cierto que hay personas que han hallado un refugio en medio de los escombros de la aflicción. ¿Cuál es la diferencia entre la mujer paralítica, cuya sonrisa tiene la virtud de iluminar un salón, y el millonario que contempla el suicidio? Y, ¿por qué puede una persona soportar una experiencia dolorosa y mantenerse equilibrada, cuando otra, en medio de una prueba similar, no hace otra cosa que quejarse y compadecerse de sí misma?

Sin la Biblia yo no puedo brindar soluciones seguras. No me las doy de psicólogo moderno, ni brindo soluciones simples. Un antiguo escritor escosés, afirmó: "La familia de la fe tiene muchos asuntos de qué ocuparse y el problema de las aflicciones es uno de los que encabeza la lista. Las aflicciones son una realidad que nos toca a todos. Y a todo miembro de la familia de la fe le toca en algún momento sufrir, o ayudar a otro creyente a soportar las pruebas".[10]

Como resultado del sufrimiento podemos llegar a amargarnos y aun a odiar a Dios. Así, precisamente, reaccionan algunos ante las aflicciones. Sin embargo, también es posible reconocer que el sufrimiento forma parte de la vida en este mundo. No podemos evitar el sufrimiento, pero ciertamente podemos determinar la forma en que habremos de reaccionar ante el mismo.

Mi mayor deseo y mi oración es que muchos corazones afligidos encuentren paz en este mundo de sufrimientos y que hallen esperanza, aun en medio de situaciones irremediables.

2

El inagotable amor de Dios

> *Una unidad al unirse a lo infinito*
> *nada le añade, ni tampoco se prolon-*
> *ga la longitud infinita por añadírsele*
> *un metro. Lo finito se aniquila en la*
> *presencia de Dios y se reduce a cero*
> *absoluto. Así es nuestro intelecto de-*
> *lante de Dios.*
>
> Blas Pascal

ME CRIE EN UN ESTADO SUREÑO, tenía un concepto muy limitado del mar. La primera vez que vi el Atlántico no podía concebir que un lago pudiera tener semejantes dimensiones. La inmensidad de los océanos no se puede concebir hasta que uno los ve con sus propios ojos. Lo mismo ocurre con el amor de Dios: no se puede concebir hasta que uno lo experimenta. No hay quien pueda describirle a uno lo maravilloso que es el amor de Dios.

Durante muchos años mi esposa Ruth, había procurado la salida de los dos únicos miembros de una familia que habían quedado en China. La joven viuda vivía en los Estados Unidos de América. Pero a su hijo y a su hija no los habían dejado salir de China.

En 1980, Ruth, sus dos hermanas y su hermano se preparaban para viajar a su antiguo hogar, en China. Pero antes de partir ella hizo una llamada al Departamento de Estado con el fin de averiguar si todo estaba en orden para la realización del viaje. Las noticias fueron desalentadoras para todos. A los niños no les habían concedido el permiso para salir del país y viajar a los Estados Unidos.

Mi esposa hizo escala en California con el fin de visitar a la joven viuda y a otros miembros de esa familia que habían logrado escapar. Fue en esa ocasión que la encantadora joven le hizo a Ruth el siguiente relato.

"Hubo una vez en China un bondadoso vendedor de cerezas. En una ocasión se le acercó un niño que, al ver las cerezas, se le saltaban los ojitos. No tenía dinero, pero el vendedor le preguntó: ¿Deseas llevarte algunas cerezas?' Por supuesto que el niño las quería. Pero él sólo bajó la cabeza con timidez.

El bondadoso vendedor de cerezas le dijo: 'Extiende tus manos'. Pero el niño no las extendió. Nuevamente el vendedor le dijo: Extiende tus manos'. El niño no se inmutó. Entonces el vendedor, con suavidad, tomó las manos del niño, las juntó y prosiguió a llenarlas de cerezas.

"Después de haberse enterado de lo sucedido, su madre le preguntó: ¿Por qué no extendiste las manos cuando el vendedor te lo pidió?' Y el niño le contestó: 'Porque sus manos eran más grandes que las mías'". Entonces la madre sonrió y dijo a mi esposa: "Las manos de Dios son más grandes que las nuestras: podemos esperar".

Esta familia china, en la actualidad ya está reunificada en California. Ciertamente las manos de Dios son más grandes que las nuestras y él puede llenarlas hasta hacerlas desbordar.

¿Cómo es Dios?

Hay quienes conciben a Dios como un padre severo, que aprovecha cada desobediencia de sus hijos para propinarles un castigo. Otros no creen que Dios puede lidiar con la maldad en esta tierra, o que el sufrimiento que ésta causa le es indiferente.

El amor de Dios es invariable; él sabe de sobra lo que somos y a pesar de todo nos ama. Tanto es así, que él nos creó porque deseaba amar a otras criaturas que compartieran su imagen y que esas criaturas, a su vez, le amaran a él. Deseaba, además, que el amor de sus criaturas hacia él fuera voluntario, no por obligación. Por eso nos dio libertad para escoger si le amábamos o no. Dios no quiere que le amemos mecánicamente, sólo porque nuestros padres nos lo exijan o porque eso es lo que nuestra iglesia predica. El único amor que complace a Dios es el amor voluntario.

Hace años un amigo mío estaba de pie en la cima de una montaña, en Carolina del Norte. A lo lejos divisó dos automóviles que iban a chocar de frente, en una carretera peligrosamente tortuosa. Se dio cuenta de que ninguno de los dos conductores podía ver el auto que se aproximaba.

Horrorizado, mi amigo observó cómo un tercer automóvil empezó a adelantársele a uno de los otros dos, y que los tres entraban en una curva donde no se veían los carros que venían en dirección opuesta. Mi amigo exhaló un grito de advertencia, aunque de sobra sabía que no lo podían oír. El accidente que se produjo fue fatal, puesto que varias personas murieron. El hombre parado en la cima de la montaña lo vio todo.

> *El amor de Dios es invariable;*
> *él sabe de sobra lo que somos*
> *y a pesar de todo nos ama.*

Dios es un Dios de amor y no es ciego al clamor del hombre. El no se para en la cima de una montaña a presenciar las calamidades humanas, sin advertirnos del peligro. Por el hecho de que el ser humano fue el causante de su propio choque, por haberse rebelado contra el Creador, Dios pudo haber permitido que se destruyera.

Desde el mismo inicio de la jornada del hombre, Dios tenía un plan para liberarlo. De hecho, el plan es tan maravilloso que, por último, elevará a cada persona que acepta el plan divino, mucho más alto que a los mismos ángeles. El inmenso amor y la *compasión* de Dios hacia el hombre se demostraron de manera decisiva cuando Cristo, su Hijo, murió en la cruz. La palabra compasión proviene de dos vocablos del latín y significa "sufrir con". Es decir, que Dios estaba dispuesto a sufrir con el hombre.

Durante los treinta y tres años que vivió en esta tierra, Jesús sufrió con el hombre. En la cruz él padeció por el hombre. "Dios estaba en Cristo reconciliando consigo al mundo" (2 Corintios 5:19). Un importante versículo que debemos memorizar, es el siguiente: "Mas Dios muestra su amor para con nosotros, en que siendo aún pecadores, Cristo murió por nosotros" (Romanos 5:8).

El amor de Dios no se originó en la cruz. Surgió en la eternidad, antes de la fundación del mundo; antes que el reloj de la civilización comenzara a funcionar. Y esta realidad es casi incomprensible para el hombre.

¿Podemos siquiera imaginar lo que tenía Dios en mente cuando la tierra "estaba desordenada y vacía"? Sólo existían las profundas tinieblas y el silencio del espacio, que formaban un profundo abismo ante el fulgor del trono de Dios. Dios se daba a la tarea de diseñar los montes y los mares, las flores y los animales. Diseñaba también los cuerpos de hombres y mujeres, con la complejidad de todas sus partes.

La creación no existe por casualidad.

Aun antes del primer amanecer, Dios sabía lo que habría de ocurrir. El lo permitió por virtud de su inescrutable amor. La Biblia nos habla del "Cordero que fue inmolado desde el principio del mundo" (Apocalipsis 13:8). Dios previó el sufrimiento que habría de padecer su Hijo. Alguien ha dicho que en el corazón de Dios había una cruz mucho antes que la cruz fuera levantada en el Calvario. Al pensar en estas cosas nos sorprenderemos por lo maravilloso y lo grande de Su amor por nosotros.

Ese amor maravilloso

El amor de Dios, desde el principio, dio al hombre libertad para
actuar. Pero también desde el principio las decisiones que el hombre tomó tuvieron consecuencias, o bien positivas o

negativas. Adán y Eva disfrutaron por un tiempo de esa libertad y de las consecuencias positivas. Pero por culpa de ellos todas las generaciones que han nacido, han tenido que hacerle frente a las consecuencias.

El amor de Dios fue lo que colocó los Diez Mandamientos en manos de su siervo Moisés. Fue el amor de Dios lo que grabó esas leyes, no sólo en las tablas de piedra, sino también en los corazones de todo el pueblo. Esos mandamientos se convirtieron en la base de toda ley civil, estatutaria y moral, y en el fundamento de toda conciencia. Dios, en su amor, sabía que el hombre no podía obedecer sus leyes, y en su amor prometió un Redentor, un Salvador, quien salvaría a su pueblo de sus pecados.

> *Yo estoy convencido de que Dios,*
> *en su amor, nos está preparando para*
> *la segunda venida de Cristo.*
> *Y ese día quizás esté más cerca*
> *de lo que nos imaginamos.*

El amor de Dios, además, puso promesas en las bocas de sus profetas, cientos de años antes que Cristo viniera a esta tierra. El amor de Dios, también, preparó las condiciones políticas del mundo antes de la venida de Jesucristo. El poderío de Grecia durante los cuatrocientos años antes del nacimiento de Cristo, preparó el camino para el esparcimiento de Su mensaje, al propagar un idioma común a través del mundo. Pero quedaba otro problema sin solución: el transporte. El Imperio Romano se encargó de la construcción de una gran red de carreteras, a la vez que desarrolló un sistema de orden y leyes. Así que, por medio de un lenguaje común, de las carreteras y el sistema jurídico de los romanos, Dios esparció su Palabra por medio de los cristianos primitivos. Las Escrituras nos dicen que "cuando vino el cumplimiento del tiempo, Dios envió a su Hijo" (Gálatas 4:4).

Yo estoy convencido de que Dios, en su amor, nos está preparando para la Segunda Venida de Cristo. Y ese día quizás esté más cerca de lo que nos imaginamos.

De tal Padre tal Hijo

El más grande tributo que un hijo le puede rendir a su padre es decirle: "Cuando sea grande quiero ser como tú, papá". La responsabilidad que tenemos los padres y los abuelos es enorme. No hace mucho tiempo recibí una carta manuscrita de Ned, mi hijo menor. Esta carta será siempre de mucho valor para mí. Mi hijo me expresó la gratitud y el amor que sentía por mí. Y me manifestó también su deseo de ser un buen modelo en palabra y conducta para sus dos hijos, y que también quisiera inspirar sus vidas de la misma forma en que yo había inspirado la suya. Sus palabras me dieron ánimo, porque en verdad yo estimaba que como padre había fracasado, debido a mis prolongadas ausencias del hogar. Pero Ruth tuvo suficiente fortaleza y fue lo suficiente espiritual para hacer de madre y de padre cuando los niños lo necesitaban. Y cuando regresaba a casa me esforzaba por pasar con ellos todo el tiempo que me fuese posible. En el presente debo hacerle frente a los problemas y las oportunidades que se me presentan para llegar a ser un buen abuelo, ya que tengo diecinueve nietos. Nuestras vidas hablan en voz muy alta ante aquellos que nos rodean, muy en particular ante los niños en nuestro hogar.

El Hijo de Dios manifiesta la misma abnegada compasión que Dios el Padre muestra por los enfermos, los angustiados y los cargados de pecado. El amor de Dios fue lo que le permitió a Jesús hacerse pobre, para que nosotros fuésemos enriquecidos. Fue este mismo amor lo que lo capacitó, para que pudiera soportar la cruz. Y fue este mismo amor lo que lo contuvo, cuando fue falsamente acusado de blasfemia y conducido al Gólgota, a morir entre malhechores.

Cuando un bravucón la coge con un niño, éste busca a menudo a un hermano mayor o a su papá, para que lo defienda. Cuando estaba en la escuela primaria había un bravucón que la tenía cogida conmigo. Creo que pesaba un tercio más de lo que pesaba yo. Este chico se las arreglaba diariamente para darme una paliza. Un día, mientras subíamos al autobús de la escuela, el bravucón me estaba pegando. De forma inesperada, se aparece un chico pequeñito y le da una tremenda paliza al grandote bravucón. Mi defensor había tomado clases de boxeo, de lucha y de karate, por lo que le propinó una entrada de golpes única al otro chico. Desde aquel día en adelante los tres fuimos amigos.

Recuerdo que cuando mi hermano Melvin era pequeño y algún chico la cogía con él, yo, por ser mayor, lo podía defender.

Jesús pudo haber llamado a una multitud de ángeles para que vinieran en su defensa. Ellos pudieron haber desenvainado sus espadas y haber venido a rescatarle en cualquier momento. Pero su amor le dio la fortaleza para soportar la cruz y, en un momento de intenso dolor, lo movió a darle esperanza a un pecador arrepentido que estaba muriendo a su lado. El pecador arrepentido dijo a Jesús: "Acuérdate de mí cuando vengas en tu reino. Entonces Jesús le dijo: De cierto te digo que hoy estarás conmigo en el paraíso" (Lucas 23:42-43).

Después de haber sido horriblemente torturado por manos de hombres degenerados, fue el amor lo que le movió a elevar la voz y orar: "Padre, perdónalos, porque no saben lo que hacen" (Lucas 23:34).

Desde Génesis hasta Apocalipsis; desde la tragedia más grande del mundo hasta el mayor triunfo, la dramática historia de las profundidades más hondas del hombre y las alturas más sublimes de Dios, pueden expresarse con treinta palabras maravillosas: "Porque de tal manera amó Dios al mundo, que ha dado a su Hijo unigénito, para que todo aquel que en él cree, no se pierda, mas tenga vida eterna" (Juan 3:16).

¿Cómo podemos comprender Su amor?

Entre seres humanos, a menudo amamos sólo a los que nos aman. En el reino espiritual, la gente no puede ni siquiera imaginar la inmensidad del amor de un Dios santo, pero sí podemos comprender el amor de Dios si lo conocemos por medio de Jesucristo. Nadie es capaz de comprender el amor del Dios del universo sin conocer a Su Hijo.

Lloyd Ogilvie escribe sobre una conversación con un viejo amigo, quien le dijo: "Lloyd, yo he sido un agnóstico oculto por mucho tiempo. Me sentía muy seguro de mis creencias, pero hoy tengo que admitir que he sabido acerca de Dios, pero en verdad nunca lo he conocido. Tengo muchas preguntas para las que no he hallado respuesta. Supongo que, por fin, mi mente le dio alcance a mi corazón".

A continuación, Ogilvie afirma: "El agnosticismo es la agonía callada de nuestra época. Lo que inquieta a la mayoría de la gente no son las preguntas acerca de la existencia de Dios. Lo que el hombre desea saber es cómo es Dios y cómo poder conocerlo. Las preguntas que el hombre no ha podido contestar, acerca de la naturaleza de Dios, siempre quedarán en un yo no sé. Esta incertidumbre inquieta al ser humano, tanto dentro de la iglesia como fuera de la misma".[1]

Cuando uno habla sobre el amor de Dios las caras se iluminan, pero cuando hablamos de Dios como Juez, enseguida cambian las actitudes. Sin embargo, Dios es el Juez del mundo que él ha creado. Como Creador nuestro, le pertenecemos. El es un Juez que ama la justicia y aborrece el pecado. El siempre es justo.

Si tenemos un día la desdicha de comparecer ante un juez, nuestra esperanza es que tal juez sea justo. Los juicios de Dios se basan en su sabiduría, que es mayor que la de los hombres.

Nosotros no somos muy diferentes del escritor del Salmo 73, quien observó la prosperidad de los malos y afirmó: "No tienen congojas por su muerte, pues su vigor está entero. No pasan trabajos como los otros mortales". Una queja que se oye con mucha frecuencia es: "¿Por qué prosperan los malos, mientras que los buenos sufren?" En el siglo decimoséptimo, John Trapp escribió lo siguiente acerca del malo: "No envidies de ellos la prosperidad, más de lo que envidiarías de un cadáver las flores".

A Dios no le son indiferentes el bien y el mal. El juicio de un Dios Santo es tanto parte de su naturaleza, como lo es Su amor hacia nosotros. Juicio significa que al final la voluntad de Dios se cumplirá a la perfección. Se oye decir: "¿Cómo puede Dios amarme cuando he vivido una vida tan despreciable?" "¿Cómo puede Dios amar al mundo cuando hay tanto sufrimiento innecesario?" Quizás usted tenga sus propias preguntas acerca de cómo puede Dios esto o lo otro...

Sea cual fuere el pecado que hayamos cometido, o cuán malo haya sido, Dios nos ama.

Lo que no puede hacer el amor de Dios

Dios no puede perdonar al pecador que no se arrepiente. A la humanidad, a lo largo de la Biblia, se le hace un llamado para que se arrepienta del pecado y regrese a Dios. Por supuesto, el amor de Dios puede ser completamente rechazado. Dios no se impone sobre nadie en contra de la voluntad de la persona. Es posible que alguien escuche el mensaje acerca del amor de Dios y diga: "No, no me interesa". Dios le permitirá marchar a la eternidad sin El.

Francis Schaeffer, escribió lo siguiente: "Muy a menudo la gente piensa que el cristianismo es algo suave, un amor pegajoso que ama por igual lo malo y lo bueno. Pero esto no es lo que dice la Biblia. La santidad de Dios debe manifestarse a la vez que el amor".[2]

> *Sea cual fuere el pecado*
> *que hayamos cometido,*
> *o cuán malo haya sido,*
> *Dios nos ama.*

Cuando me pongo a pensar en el amor de Dios, tiendo a pensar en todas las cosas buenas y maravillosas que Dios ha hecho por mí. Pero después debo hacer un alto y reconocer que, aunque a veces las circunstancias no son favorables, el amor de Dios continúa brillando. No me puedo esconder de su amor, ni escapar del mismo.

Después que Rose Adams, compañera de mi madre, perdió a su esposo, mamá le escribió una nota, en la que le decía lo siguiente: "Muy querida amiga: Cuando esta tormenta haya pasado, el esplendor para el cual El te prepara, se manifestará sin nube alguna; y ese esplendor ha de ser el mismo Señor".

No hay donde esconderse

El escapismo parece estar a la orden del día. Escapémonos haciendo un viaje. Vayamos a otra ciudad o a otro país y la vida será mejor. Escapémonos consumiendo drogas o alcohol, y la amargura que produce el vivir se disipará. Escapémonos mediante un pasatiempo o por la televisión. La realidad es demasiado severa.

Sin embargo, no podemos escaparnos de Dios. En el Salmo 139:1-5, David hace la siguiente declaración: "Oh Jehová, tú me has examinado y conocido. Tú has conocido mi sentarme y mi levantarme; has entendido desde lejos mis pensamientos. Has escudriñado mi andar y mi reposo, y todos mis caminos te son conocidos. Pues aún no está la palabra en mi lengua, y he aquí, oh Jehová, tú la sabes toda. Detrás y delante me rodeaste, y sobre mí pusiste tu mano".

El término *omnisciente* es el que se emplea para calificar el amor de Dios. David no pudo explicar esa clase de amor, como tampoco podemos hacerlo nosotros. Sin embargo, sí pudo expresar la forma en que ese amor influyó en él, al decir: "Tal conocimiento es demasiado maravilloso para mí; alto es, no lo puedo comprender" (v.6). Y David procede a reconocer el hecho de que Dios está en todas partes, cuando afirma: "¿A dónde me iré de tu Espíritu? ¿Y a dónde huiré de tu presencia? Si subiere a los cielos, allí estás tú; y si en el Seol hiciere mi estrado, he aquí, allí tú estás" (7-8).

Si uno fuera capaz de subir a las alturas más elevadas o descender a las profundidades más hondas, aun así no podría esconderse de la presencia de Dios. Eso es, precisamente, lo que en términos prácticos significan la omnisciencia y la omnipresencia de Dios. "Si tomare las alas del alba y habitare en el extremo del mar, aun allí me guiará tu mano, y me asirá tu diestra" (Salmo 139:9-10).

Todos los días leo un salmo, con el fin de recibir fortaleza para el día y reconocer el poder que tiene el amor de Dios. El amor de Dios me ha ayudado a pasar por las enfermedades, el desaliento y las frustraciones. El amor de Dios me ha sostenido en tiempos de desaliento y perplejidad. Sin embargo, yo nunca he pasado algunas de las terribles pruebas que han experimentado varios de mis hermanos en Cristo. Nunca me han encarcelado ni me han torturado por mi fe, como les ha ocurrido a algunos que he conocido.

En 1948 los comunistas se llevaron preso a un pastor en Rumania. Por espacio de diez años lo trasladaron de un campamento a otro, lo golpearon brutalmente, lo drogaron y lo torturaron. Tuvo que soportar los tratamientos de lavado de cerebro más diabólicos que se puedan imaginar, pero su fe se mantuvo inconmovible. Después de haber pasado años encarcelado, llegó un momento en que casi se da por vencido. A los presos le entregaron tarjetas postales para que invitaran a sus familiares a que les hicieran la visita. Esperanzados por estos acontecimientos, se afeitaron, se lavaron y se pusieron camisas limpias que les habían entregado para la ocasión. Hora tras hora estuvo esperando en su celda, pero nadie llegó. El no sabía que las tarjetas postales nunca fueron enviadas. Al llegar la noche los altoparlantes comenzaron a repetir lo siguiente: *Nadie te ama... Nadie te ama...* El comenzó a llorar. Entonces por los altoparlantes se oyó: *"Ya no quieren saber más de ti... Ya no quieren saber más de ti...*

Al día siguiente se le informó que numerosas esposas habían venido a la prisión. Le dijeron que él era un tonto, que su esposa se estaba acostando con otros hombres. Y le describieron las cosas que querían hacerle creer que ocurrían, empleando todas las obscenidades que se les antojaron. Cuando terminaron el discurso, lo devolvieron a su celda y, a través de los altoparlantes se oía la siguiente cantaleta: *El cristianismo está muerto... El cristianismo está muerto...*

El pastor rumano comenzó a creer lo que le habían dicho durante todos los meses anteriores, a saber, que el cristianismo de veras estaba muerto. El escribió lo siguiente:

La Biblia predice un período de gran apostasía.
Y yo llegué a creer que ese tiempo ya había llegado.

Entonces me acordé de María Magdalena y quizás el pensar en ella, más que ninguna otra cosa, me rescató del veneno que aniquilaba mi alma, en la última y más horrenda etapa de los tratamientos de lavado de cerebro. Recuerdo que ella permaneció fiel al Señor aun cuando El exclamó en la cruz: "Dios mío, Dios mío, ¿por qué me has desamparado?" Y cuando su cadáver yacía en la tumba, ella se hallaba cerca llorando y esperando hasta que él resucitara. Así que, cuando finalmente llegué a creer que el cristianismo estaba muerto, dije: "Aunque sea cierto, creo en él; y lloraré ante su tumba hasta que resucite, lo cual estoy seguro de que sucederá".[3]

Después de haber sido puesto en libertad, escribió lo siguiente: "Los años de cárcel no me parecieron muy largos, pues descubrí, en mi celda solitaria, que más allá de la fe y del amor, existe el deleite en Dios mismo: un hondo y extraordinario éxtasis de felicidad que no se puede comparar con nada en este mundo".

Las palabras escritas por este pastor, hace ya veintitrés años, se han hecho realidad en el presente. El cristianismo ha resucitado en Rumania y en muchos otros países de aquella parte del mundo. Sin embargo, el cristianismo nunca estuvo muerto en esos países, porque Dios no estaba muerto en los corazones de los creyentes. Su amor nunca morirá.

> *El amor de Dios para con sus hijos nunca los abandonará en tiempos de aflicción.*

Dios no es ciego. El sabe quién es usted y sabe acerca de sus problemas. El sabe de aquellos que sufren por la pérdida de un ser querido. Sabe de los que se han enterado de que padecen de una enfermedad incurable. Sabe de los recuerdos de los maltratos en la infancia. Y está enterado de las tensiones de los fracasos financieros y de la aflicción suya en particular. El amor de Dios para con sus hijos nunca los abandonará en tiempos de aflicción.

El señor Lew Wallace se destacó como mayor general en el ejército de la Unión, durante la Guerra Civil. El desempeñó el cargo de abogado en el consejo de guerra que juzgó a los asesinos de Abraham Lincoln, y encabezó el tribunal militar que halló culpable al superintendente de la prisión de Andersonville de haber cometido crueldad al permitir la muerte de prisioneros de la Unión. El señor Wallace era fuerte e inteligente, pero no conocía el amor de Dios. No obstante, cuando lo desafiaron para que leyera la Biblia y demostrara que Dios no existía, en vez de esto, su corazón experimentó un cambio radical y él se hizo creyente en Jesucristo. Más adelante escribió un éxito de librería, titulado "Ben Hur". Este libro fue llevado a la pantalla y, protagonizada por Charlton Heston, la película se convirtió en uno de los mayores éxitos cinematográficos de todos los tiempos.

Wallace, el fuerte héroe, escribió lo siguiente: "Las riquezas se van volando, las comodidades se pierden, la esperanza se desvanece, pero el amor permanece con nosotros. Dios es amor". Antes que podamos derivar algún significado del sufrimiento, es menester que descansemos en el inquebrantable amor de Dios

3

Sobre todos
llueve un poco

> *Dios está preparando a sus héroes y
> la hora llegará en que habrán de ma-
> nifestarse, entonces el mundo se pre-
> guntará de dónde han salido.*
>
> A. W. Tozer

EN NUMEROSAS OCASIONES, LA LLUVIA que cae se parece mucho al huracán Hugo, de 1989. Los vientos de esa tempestad hicieron pedazos la vida de muchos al pasar con su furia. Sólo en los cuentos de hadas se vive una vida encantada. Es posible que pensemos que alguna gente lo tiene todo, pero si conociéramos sus vidas descubriríamos que no todo ha sido color de rosa y que tienen problemas, como todo el mundo.

A veces la vida le da rosas a una persona; y a otra, sólo espinas. Pero el primero puede herirse con una espina escondida entre las rosas, mientras que el último puede que encuentre rosas entre las espinas.

¿Quién ha dicho que la vida es justa?

¿Ha oído usted alguna vez a un niño quejarse, diciendo: "¡Esto no es justo!? Hay quienes han hecho su fortuna a costa de los infortunios de los demás. La Biblia nunca ha prometido que la vida ha de ser justa. La vida cristiana que suena a página social de un diario, no nos prepara para vivir en un mundo en el que a menudo el mismo infierno se desata. En esta tierra estamos enfrascados en una batalla y nadie puede darse el lujo de ser un simple observador.

Al dar gracias a Dios por la caída del muro de Berlín y la apertura de la Europa oriental a la democracia y la libertad religiosa, reconocemos también que existen nuevas tiranías que constituyen un desafío para la fe cristiana. No debemos vivir satisfechos en nuestros santuarios.

Conocí a dos cristianos del bloque oriental que trabajaban en una emisora radial cristiana. Cuando se les preguntó qué pensaban del hecho de haber sido perseguidos por su fe, respondieron lo siguiente: "Nos parecía que así era la vida cristiana normal". Y tenían razón. Somos nosotros los que no estamos viviendo normalmente por el momento.

El culto a la popularidad

En algunas iglesias y en diversos programas religiosos televisados, observamos que se trata de popularizar el cristianismo y de presentar una idea positiva del mismo. Esto puede ser un cómodo cojín para aquellos a quienes las duras realidades les resultan demasiado difíciles. En ninguna parte del Nuevo Testamento encontramos siquiera un indicio de que los cristianos deben esperar una vida de salud, riquezas y éxito en la época actual. Cristo dijo: "Si el mundo os aborrece, sabed que a mí me ha aborrecido antes que a vosotros (Juan 15:18). Cristo nunca les dijo a sus discípulos que recibirían un premio por su actuación, pero sí les hizo saber que habrían de pasar por dificultades.

En la época en que vivimos hay preocupación por el éxito, pero no por el sufrimiento. Nos identificamos con Jacobo y Juan, quienes querían tener puestos privilegiados en el reino. Nosotros podríamos añadir a la lista sillas reclinables y música suave.

A nuestro Señor lo ridiculizaron, lo insultaron, lo persiguieron y, finalmente, lo mataron. Y, en medio de la oposición, él se dio a la tarea de hacer el bien. Ni siquiera sus enemigos pudieron encontrar falta alguna en él. Se convirtió en el más grande maestro de valores morales que ha existido. Sin embargo, al cabo de sólo tres años de ministerio público, lo mataron como a un criminal.

Los "buenos" no se escapan del sufrimiento en esta vida. La Biblia, en Hebreos 11, nos proporciona una lista de los héroes de la fe, tanto judíos como gentiles. Estos héroes fueron torturados, encarcelados, apedreados, despedazados, y muertos a filo de espada. No se ponían *jeans* (pantalones de mezclilla) de marcas famosas, sino que se vestían con pieles de animales y anduvieron de un lugar a otro, pobres y angustiados. Aquellos primeros creyentes anduvieron "errantes por los desiertos, por los montes, por las cuevas y las cavernas de la tierra". Eran los desamparados de aquella época y no tenían siquiera un refugio de cartón.

> *Ser un discípulo de Jesús significa aprender de él y seguirle. Y el precio que hay que pagar puede ser muy alto.*

En los Estados Unidos, hoy, ser cristiano a veces se considera idéntico a tener buena salud. Varias publicaciones populares, especializadas en nutrición y psicología, aconsejan que para tener un cuerpo saludable puede que haga falta una vida espiritual vigorosa. Muchos de estos escritores predican una mezcla del pensamiento de las religiones orientales y de psicología humanística. Sin embargo, otros han tenido una orientación bíblica correcta. Yo creo que el ejercicio y los buenos hábitos de alimentación son de suma importancia, puesto que la Biblia dice que el cuerpo es templo de Dios. Pero no creo que tener un cuerpo excepcional se pueda considerar idéntico con el discipulado cristiano y la consagración. Algunos de los más grandes santos que he conocido, han padecido de dolencias físicas.

Joni Eareckson Tada es un ejemplo viviente. Joni no puede caminar y sus brazos sólo tienen movilidad parcial. Pero, como resultado de su incapacidad, Dios la ha utilizado para tocar millones de vidas. Ella es un testimonio más grande de Su amor que muchos otros que poseen cuerpos vigorosos. "Porque el ejercicio corporal para poco es provechoso, pero la piedad para todo aprovecha" (1 Timoteo 4:8).

El precio del discipulado

El discipulado no era sólo para los doce apóstoles. El diccionario Larousse, dice que un discípulo es la "persona que sigue las lecciones de un maestro". Ser un discípulo de Jesús significa aprender de él y seguirle. Y el precio que hay que pagar puede ser muy alto.

Al inicio del ministerio de Jesús, las multitudes lo seguían. Pero cuando comenzó a decirles que debían tomar su cruz, "muchos de sus discípulos volvieron atrás, y ya no andaban con él" (Juan 6:66).

En La Biblia se predicen diversas formas de sufrimientos: persecusiones por hacer lo correcto, injuria y difamación, falsas acusaciones, tentaciones, vergüenza, encarcelamientos; lapidaciones, golpizas, ser espectáculo público; y mucho más. Tal vez el dolor que usted padece no tenga nada que ver con la lista anterior, por su singularidad personal y la de su situación. Tal vez el leer acerca de estos padecimientos ni siquiera le dé consuelo. En las democracias occidentales son infrecuentes los casos de creyentes que han tenido que padecer físicamente por su fe. No obstante lo dicho, existen diversas clases de sufrimientos.

Si usted ha perdido su empleo porque no estuvo dispuesto a hacer algo que fuera en contra de sus convicciones, ya sabe cuánto duele. Si un amigo o un familiar lo ha acusado de ser un fanático, quizás usted se ha sentido humillado. El adolescente experimenta lo doloroso que puede ser el rechazo, cuando sus mejores amigos lo excluyen de una fiesta en la playa.

¿Y qué podríamos decir del cristiano poromedio? ¿Tiene el vivir para Cristo carácter prioritario? No en muchos casos, tristemente. En los Estados Unidos, la asistencia a la iglesia se ha puesto de moda, pero por asistir a un culto (o a una cruzada) no se puede llegar a la conclusión de que la persona es consagrada a la oración y la lectura bíblica, ni que su forma de vivir ha cambiado.

El cristianismo no es un deporte de espectadores; se trata de algo en lo que nos involucramos completamente. Las Escrituras dicen así: "De modo que si alguno está en Cristo, nueva criatura es; las cosas viejas pasaron; he aquí todas son hechas nuevas" (2 Corintios 5:17). Se espera que todos los que creen sean distintos del mundo que los rodea. Han de ser miembros de la nueva sociedad y de la nueva comunidad que Dios ha creado.

> *La tarea del creyente en esta vida no consiste en tener éxito, sino en ser fiel.*

Hay demasiados programas cristianos, trasmitidos por radio y televisión, que se han creado para complacer y entretener al mundo y ganar el favor del mismo. Y para que el Evangelio sea más atractivo, se hacen a menudo concesiones que debilitan el mensaje.

A veces, en las cruzadas que hemos llevado a cabo, he visto las cámaras delante de mí y me he acordado de que hay millones de personas que están mirando la programación. Sé muy bien que muchas de las cosas que he dicho, procedentes de Las Escrituras, han ofendido a algunas personas, pero yo no puedo darme el lujo de suavizar el mensaje. Pablo dijo, en 1 Corintios 9:17: "Es un encargo que Dios me ha dado" (V.P.). Y este encargo o mayordomía significa predicar el mensaje puro y sencillo del evangelio, en cualquier cultura en que nos encontremos.

La Biblia dice lo siguiente: "No vivan ya de acuerdo con las reglas de este mundo; al contrario, cambien su manera de pensar para que así se renueve toda su vida" (Romanos 12:2 V.P.). Charles Colson escribió: "Si el cristianismo es la verdad, entonces no puede ser sólo la gaveta de un archivo en nuestras vidas abarrotadas. Debe constituir la verdad central, de donde fluyen nuestra conducta, relaciones y filosofía".[1]

A los cristianos les resulta fácil ceder y comenzar a vivir de acuerdo con las reglas de este mundo. Esto no quiere decir que no debemos vestirnos de acuerdo a la moda, o que debemos ponernos ropa deslustrada y poco atractiva y vivir en chozas. No es tanto la apariencia del mundo lo que debemos evitar, sino la actitud de éste. Cuando los incrédulos no ven ninguna diferencia en nuestra forma de vivir, entonces se preguntan si nuestra profesión de fe es o no sincera.

La tarea del creyente en esta vida no consiste en tener éxito, sino en ser fiel. Hay muchos cristianos que preferirían la aprobación de la gente al "Bien, buen siervo y fiel" de boca del mismo Señor. El alemán Dietrich Bonhoeffer, fue un joven pastor brillante. Provenía de una familia de la aristocracia, culta y acaudalada. A los treinta y siete años de edad lo encarcelaron, acusado de complicidad en un intento de asesinato contra Hitler. A Bonhoeffer nunca le celebraron juicio, pero dos años más tarde, casi al finalizar la guerra, lo ejecutaron. Algunos sobrevivientes, compañeros suyos de prisión, dieron a conocer un mensaje que él le envió a un amigo. Decía así: "Díganle que ha llegado el fin para mí, pero también el comienzo". Bonhoeffer sabía cuál era el precio del discipulado.

Muchos cristianos quieren cosechar los frutos de su fe, pero no están dispuestos a pagar el precio que demanda el discipulado. Hay decisiones que debemos tomar. Moisés tuvo que escoger entre seguir a Dios y deleitarse con los placeres de Egipto. Como heredero del trono de Egipto, Moisés vivía en medio del lujo; él no deseaba sacrificar más de lo que estamos dispuestos a sacrificar nosotros; sin embargo, decidió seguir a Dios. El escogió "antes ser maltratado con el pueblo de Dios, que gozar de los deleites temporales del pecado" (Hebreos 11:25).

La salvación es gratuita, pero para seguir a Jesús hay que pagar un precio. En las Escrituras nunca se nos dice que podemos tener a Cristo y...; siempre se trata de Cristo o..." Cristo o César; Cristo o el mundo; Cristo o el anticristo. Y en el caso suyo, ¿cuál es la alternativa?

Jesucristo dijo: "El que no es comigo, contra mí es; y el que conmigo no recoge, desparrama" (Mateo 12:30). Se nos ha hecho muy fácil seguir a Cristo. Es muy fácil seguir a Cristo cuando nuestro mundo es cómodo y seguro; cuando disfrutamos de buena salud y nuestra familia está satisfecha; cuando comemos tres veces al día (y merendamos). Pero cuando ese mundo se destroza, sólo una fe inconmovible nos puede sostener.

En un país en el que a los cristianos se les ha visto con desconfianza y desagrado, un líder dentro del gobierno me dijo, con cierta malicia, lo siguiente: "Los cristianos parecen prosperar cuando son perseguidos. Tal vez valga la pena hacerlos prosperar y así los hacemos desaparecer".

> *La salvación es gratuita,*
> *pero para seguir a Jesús*
> *hay que pagar un precio.*

La historia de Gretchen

El cómodo mundo en que Gretchen vivía se deshizo en un instante. Si no hubiera sido por la fe que tenía en Dios, hubiese permanecido escondida en un cuarto oscuro por el resto de su vida.

Mientras que me contaba lo ocurrido, se hallaba sentada en una terraza californiana, donde un sol brillante hacía resaltar su rostro, horriblemente desfigurado. No cabía duda de que había tenido un horrendo accidente: le faltaba un ojo, le habían hecho cirugía plástica para reconstruirle la nariz; el cutis lo tenía marcado y le faltaba un brazo. Aun así, su belleza era manifiesta. El fulgor de su fortaleza interior no era artificial.

El mundo de Gretchen cambió una mañana, en 1982, cuando un automovilista borracho le hizo perder el control de su automóvil, la lanzó al otro lado de la autopista, donde el auto estalló y quedó envuelto en llamas. Su madre murió al instante. Gretchen fue rescatada milagrosamente de entre las llamas.

Antes de ese día espantoso, Gretchen había vivido una vida esplendorosa. Era una mujer preciosa; adinerada; y tenía un esposo atento. La vida que había vivido era el sueño de toda chica. Y en la pesadilla en que se vio envuelta lo perdió todo, pero ganó mucho más que lo que había perdido.

Durante seis semanas estuvo en estado de coma. Cuando se enteró de que su rostro estaba totalmente desfigurado, no quería que nadie la viera. Su único compañero era la televisión. Y fue durante una de nuestras cruzadas televisadas, después de haber sido sometida a más de setenta operaciones, que ella entregó su vida a Cristo.

Después de haberse pasado siete años recluida, se dio cuenta de que no podía seguir escondida. Sabía que Dios para algo la había salvado. Entonces fue que comenzó a hacer trabajo voluntario en un centro de rehabilitación. En este centro, sus propias desventajas le abrieron las puertas para poder ayudar a otros. Cuando se le pregunta que cuál es su mayor gozo, responde: "Es despertarme cada mañana sabiendo que en la vida nada ocurre por accidente".

Los que cargan su cruz con caras largas

No debemos confundir las marcas de la cruz con una vida de austeridad impuesta por nosotros mismos, ni con la severidad de una Edad Media moderna. No debemos buscar el sufrimiento intencionalmente, creyendo, equivocadamente, que ante Dios tendremos un mérito especial. El ascetismo no es en verdad una virtud.

Amy Carmichael escribió lo siguiente:

> Por angosta e intrincada senda transitó;
> "Ahora puedes", Dios le dijo, "en mi gozo entrar".
> El afligido asceta su cabeza razuró;
> "No sé ya lo que es el gozo", pudo asegurar.

Cristo amonestó a sus seguidores, diciéndoles: "Cuando ayunéis, no seáis austeros, como los hipócritas; porque ellos demudan sus rostros para mostrar a los hombres que ayunan" (Mateo 6:16). Lo anterior es una advertencia, para que no nos jactemos de las dificultades que nosotros mismos nos hemos buscado. Llevar nuestra cruz no significa que haya que ponerse una chaqueta de yute y alargar el rostro. Hemos conocido a algunas personas que se figuran que cada dificultad, por pequeña que sea, forma parte de la cruz que les ha tocado cargar. Y cada vez que se les critica ponen cara de mártir. A veces nos merecemos las críticas que nos hacen. Pero sólo somos bienaventurado por la causa de Cristo, cuando dicen toda clase de males contra nosotros, *mintiendo*.

> *Los cristianos deben ser*
> *una influencia extranjera,*
> *un grupo minoritario en medio*
> *de un mundo pagano.*

Se escribió un libro acerca mi persona contenía varias mentiras evidentes. Al principio me ofendí, pero luego tuve que reírme, puesto que yo recientemente había hablado acerca de ser bienaventurados cuando se nos hacen falsas acusaciones, y Dios no demoró en concederme una ilustración personal.

Los cristianos deben ser una influencia extranjera, un grupo minoritario en medio de un mundo pagano. Somos la "luz del mundo", y la luz pone de manifiesto la maldad. Somos la sal, y la sal da sabor. Si estamos en paz con este mundo, pudiera ser porque el mundo nos haya convencido y nos hayamos sometido a un compromiso con el mismo.

Dwight L. Moody dijo en cierta ocasión: "Si el mundo no tiene nada que decir en contra de ti, ¡cuidado!, no sea que Cristo no tenga nada que decir en tu favor".

¡Animo!

Yo no aconsejo que nos pasemos la vida esperando hallar dificultades a cada momento. Hay personas que se preocupan tanto por lo que podría ocurrir, que nunca disfrutan lo bueno que ocurre en el presente. Vivamos un día a la vez. Hoy, después de todo, es el mañana por el que nos preocupamos ayer.

Jesús sabía que sus discípulos estaban ansiosos por el futuro; y cuando dialogó con ellos, poco antes de su muerte, les dijo: "Estas cosas os he hablado para que en mí tengáis paz. En el mundo tendréis aflicción; pero confiad, yo he vencido al mundo" (Juan 16:33).

Todos tenemos diferentes problemas, ya sean económicos,matrimoniales, de salud, sociales, o de cualquier otra índole. Cristo aseguró que sus discípulos tendrían aflicciones. Pero también nos prometió que estaría con nosotros, no para librarnos de las dificultades, sino a fin de acompañarnos cuando pasemos por éstas y para darnos el poder que nos ayude a superar cualquier dificultad que encontremos en el camino.

Una de nuestras investigadoras, Nancy Bates, es un ejemplo de alguien que ha superado circunstancias adversas en la vida. Posee un magnífico sentido del humor y es un encanto estar con ella. A Nancy, a la edad de diesisiete años, la atropelló un automóvil y le fracturó la columna vertebral.

Hoy ella es parapléjica. Pero su cristianismo es contagioso. Cuando el apóstol Juan puso por escrito el mensaje que Cristo dirigió a la iglesia de Esmirna, estas fueron sus palabras: "No temas en nada lo que vas a padecer. He aquí, el diablo echará a algunos de vosotros en la cárcel, para que seáis probados.... Sé fiel hasta la muerte, y yo te daré la corona de la vida" (Apocalipsis 2:10).

Aunque nos parezca un misterio, a menudo el sufrimiento y la fe verdadera son inseparables. Casi nunca una cosa se manifiesta sin la otra. Ahora viene a mi mente mi entrañable amiga, Corrie ten Boom, quien ya está en la presencia del

Señor. Después de haber leído el citado pasaje de Apocalipsis, recuerdo un incidente de sus últimos años.

Tras haber estado prisionera en Ravensbruk, el infame campo de concentración de mujeres, Corrie viajó alrededor del mundo, contando su historia de sufrimiento y de gozo. Nunca tuvo hogar permanente durante treinta y tres años. A la edad de ochenta y ocho años, aquellos que la apoyaban le regalaron una preciosa casa en California. Ella ni siquiera soñó con tener un lujo como este.

En una ocasión su amigo y director cinematográfico, el finado Jimmy Collier, le dijo, mientras que se disponía a marcharse: "Corrie, ¿no es cierto que Dios ha sido bueno por haberte dado esta preciosa casa?"

Y ella, con firmeza, le respondió: "Jimmy, Dios también fue bueno cuando me encontraba en Ravensbruk".

El sufrimiento no es en vano

Ningún sufrimiento que padezca un creyente, por Cristo, es en vano. Vivir para Cristo y andar como él anduvo, nunca será fácil. El camino de la cruz es arduo; pero él nunca nos dijo que habría de ser fácil.

El camino de la cruz es árduo;
pero él nunca nos dijo que habría de ser fácil.

Los principios bíblicos tocantes a soportar el sufrimiento no han cambiado. Tal vez algunos de nosotros tendremos que morir o, al menos, sufrir por causa de nuestra fe. Durante el siglo veinte han torturado y matado a mayor número de creyentes que en cualquier otra época de la historia. Nuestra generación ha tenido sus mártires, como Paul Carlson, el misionero en el Congo, quien murió mientras que trataba de rescatar a otros. Jim Elliot y cuatro amigos fueron asesinados cuando se esforzaban por llevarle el Evangelio a los indios Aucas, en Ecuador. El obispo Luwum, arzobispo de la Iglesia

Anglicana de Uganda, fue muerto por un disparo en la cabeza a boca de jarro.

Festo Kivengere, hablando en público en Asheville, Carolina del Norte, dijo lo siguiente sobre el martirio de Luwum: "Cuando un hombre ha vivido para Dios, ha predicado el Evangelio valientemente; se ha opuesto a la crueldad, la injusticia y a la opresión con valor, y a la vez ha hablado la verdad benignamente y con amor; cuando ese hombre sella su testimonio con su propia sangre, ¡a esto no se le puede llamar tragedia, sino gloria!

En una ocasión en que Ruth hablaba en público en Suecia, la intérprete, Gunvar Paulson, contó acerca de cuando estaba en el Ejército de Salvación, en Rodesia. Un grupo de insurrectos entró y asesinó a mucha gente. Sus compañeros de trabajo fueron asesinados. Sólo ella quedó con vida. Y aun después de varias operaciones, el brazo derecho sólo lo puede mover parcialmente. Ruth, impulsivamente, le dijo: "Es un honor estar sentada junto a usted; yo nunca he tenido que sufrir por el Señor".

La señorita Paulson le contestó: "Debo confesar que, a pesar de todo lo que sucedía a mi alrededor, la presencia del Señor se hizo tan real en mi vida, ¡que yo no sentía más que gozo!"

Cuando David Livingstone regresó a Escocia, su tierra natal, después de hacer obra misionera en Africa durante diesiséis arduos años, su cuerpo estaba enflaquecido y extenuado. Se encontraba en tal estado como resultado de cerca de veintisiete fiebres que había padecido, durante esos años de ministerio. Un brazo, inutilizado, lo llevaba colgando, como resultado de una mordida de león. Cuando le dirigió la palabra a los alumnos de la Universidad de Glasgow, el mensaje que comunicó a esos jóvenes, fue el siguiente: "¿Debo decirles qué fue lo que me sostuvo en el trabajo arduo y la soledad de mi exilio? Fue la promesa de Cristo: "He aquí yo estoy con vosotros todos los días, hasta el fin del mundo".

Esa promesa es para nosotros también.

4

Sufrimiento en
el Paraíso

> *La recuperación del antiguo signifi-*
> *cado del pecado es fundamental para*
> *el cristianismo.*
>
> C. S. Lewis

¿DONDE SE ORIGINO EL DOLOR?

¿Podría Dios haber creado un mundo en el que no existiera el sufrimiento?

Sí, podría, y ciertamente lo creó.

Hace miles de años hubo una vez en que el universo y sus galaxias aun sin descubrir, se hallaban en un perfecto estado de armonía con su Creador. Se trataba de una existencia que iba más allá de lo que nuestras mentes finitas pueden comprender. No podemos imaginarnos un mundo que pueda ser más antiguo que lo que nuestras mentes pueden concebir; un mundo que existía sin mostrar ningún indicio del sufrimiento que habría de venir. Sin embargo, Satanás hizo acto de presencia en este paraíso. El es, probablemente, la persona sobre la cual se tienen más conceptos erróneos. Antes de Satanás no existía el pecado. Y antes del pecado no existía el sufrimiento.

¿Quién es Satanás? A Satanás se le subestima y a menudo se le ha caricaturizado. Algunos creen que él es sólo una fuerza o poder espiritual. Otros se lo imaginan como si fuera un duende. Y otros no le hacen caso, porque piensan que se trata sólo de un personaje mitológico. No obstante, por el hecho de que la adoración a Satanás está aumentando a una velocidad alarmante, nos conviene saber quién es él: su origen, sus propósitos, sus habilidades y sus limitaciones.

Satanás fue una vez una criatura deslumbrante. El profeta Ezequiel lo llama "el sello de la perfección, lleno de sabiduría, y acabado de hermosura" (28:12). Esta increíble criatura fue una vez uno de los "hijos de Dios" (Job 38:12).

El primer pecador comete el primer pecado

Lucifer, que en hebreo significa "lucero de la mañana", fue un ángel creado para glorificar a Dios, pero no le agradó este papel. El deseo de su corazón era ser la principal autoridad; él quería sentarse en el trono de Dios y gobernar el universo. En Isaías 14:12-14, se nos dice: "¡Cómo caíste del cielo, oh Lucero, hijo de la mañana! Cortado fuiste por tierra, tú que debilitabas a las naciones. Tú que decías en tu corazón: Subiré al cielo; levantaré mi trono, y en el monte del testimonio me sentaré, a los lados del norte; sobre las alturas de las nubes subiré, y seré semejante al Altísimo".

Cuando Lucifer manifestó su deseo de ser mayor que Dios, se desató una tremenda revolución en el universo. Muchos ángeles se unieron a Lucifer y así formaron su ejército rebelde. Obviamente, cuando Dios juzgó los crímenes de Lucifer, le cambió el nombre y le puso Satanás, que significa "el maligno", y lo sentenció a eterno exilio.

Cuando Satanás se convirtió en el príncipe caído, no perdió su habilidad para engañar y seducir. El se valió de su hechizo, de su astucia y de sus artimañas para influir en nosotros. Y cuando él decidió hacer guerra contra Dios hasta la muerte, se llevó con él a su cuadrilla de ángeles rebeldes y los hizo sus soldados de batalla. El campo de batalla es el planeta Tierra.

Cómo era todo en el principio

Antes que el gran contaminador esparciera su veneno a través del nuevo territorio, Dios decidió embellecer este planeta con la luz y las tinieblas, con los mares y los cielos; con tierra y vegetación; con el sol, la luna, las estrellas, el aire; y con los animales terrestres.

En una época como la actual, en la que estamos preocupados por la contaminación del planeta, ¿podemos siquiera imaginarnos cómo era el paraíso? Cada flor que brotaba era perfecta; ningún defecto había en ellas. No hacían falta ni fertilizantes ni insecticidas. Imaginémonos un árbol frutal cargado de jugosas manzanas o de peras, sin ningún gusano o insecto que las malogre. Imaginémonos un cielo tan transparente que se pudieran ver todas las galaxias y todas las constelaciones. Un mundo sin suciedad, sin malos olores, sin basura esparcida. Las aguas de los lagos serían tan transparentes que se podría ver el color de cada pez. Dios diseñó este glorioso jardín terrenal para que sus hijos perfectos lo disfrutaran. Cuando Adán y Eva fueron creados, trajeron la belleza humana a este mundo de perfección.

La primera relación perfecta que existió

Dios deseaba tener a alguien con quien tener comunión. Por eso creó a Adán y Eva. Ninguna pareja, desde aquel entonces, ha tenido una relación ideal, como la tuvieron ellos.

En medio del huerto había dos árboles de carácter especial, a saber, el *árbol de la vida* y el *árbol del conocimiento del bien y del mal.* Y Dios dijo al hombre: "De todo árbol del huerto podrás comer; mas del árbol de la ciencia del bien y del mal no comerás; porque el día que de él comieres, ciertamente morirás: (Génesis 2:16-17). El monseñor Knox lo traduce de manera aun más enfática: "¡Vuestra ruina es la muerte!"

Del Edén brotaba un río que se dividía en cuatro. Dos de ellos eran el Tigris y el Eufrates. De manera que el huerto de Edén estaba situado en alguna parte del territorio del Iraq actual. La agitación y la guerra que se desató recientemente por aquella parte del mundo, ocurrió en el territorio donde Dios estableció la primera civilización perfecta.

En el huerto Dios caminaba con le hombre diariamente, al aire fresco del día (Génesis 3:8). ¡Qué existencia tan idílica!

¿Quién podría desear más? Sin embargo, la primera pareja no se conformó con lo que tenía.

Dios le dio a Adán y Eva más que belleza y un ambiente perfecto. Le otorgó una de las posesiones más preciadas que pueda tener un hombre, a saber: la libertad. John Milton dijo: "Cuando Dios le dio al hombre capacidad para razonar, le otorgó libertad de elección ... de no haber sido así, Adán hubiera sido un hombre artificial, algo así como un Adán en el retablo de títeres". Adán y Eva pudieron haber sido creados para ser manejados por Dios como autómatas; para hablar lo que a Dios se le antojara. Sin embargo, Dios les dio, al igual que nos ha dado a nosotros, libertad de elección.

Las artimañas de Satanás

Satanás entró en el huerto en forma de serpiente. Tenemos que conformarnos con conjeturas en lo que respecta a la forma en que ocurrió. Lo que sí sabemos es que él andaba rondando al asecho, en busca de la forma de destruir a Dios, desde el día en que Dios lo expulsó del cielo. Y en Edén se le presentó la oportunidad de perjudicar a dos personas a quienes Dios amaba entrañablemente. Satanás inició su labor con la misma sutileza con que obra en el presente.

Satanás puso en duda lo que Dios había dicho. Su obra destructora la inició con Eva. Dirigiéndole la palabra, le dijo: "¿Conque Dios os ha dicho...?" (Génesis 3:1). Después Satanás dirigió su ataque hacia el ego de la mujer. Le aseguró a Eva que no iba a morir si comía del fruto del árbol del conocimiento del bien y del mal, sino que, sencillamente, sería como Dios. Eva, entonces, le dio la mordida fatal al fruto y luego le dio a su marido y él también comió. A este evento se le da el nombre de la caída del hombre. Y la trayectoria, desde entonces, ha sido en escala descendente. Dios le dijo a Adán: "¿Has comido el árbol de que yo te mandé no comieses?" (Génesis 3:11). Y Adán le respondió: "La mujer que *me diste* por compañera me dio del árbol, y yo comí" (Génesis 3:11 énfasis del autor).

Desde aquel entonces, el hombre le ha echado la culpa a otro. Cuando un niño peca, sus padres cargan con la culpa.

Cuando asesinan a alguien, se le echa la culpa a su ambiente. Alguien comete fraude o engaño, se le echa la culpa al sistema de gobierno imperante. Echarle la culpa a otro es una práctica tan antigua como el mismo huerto de Edén.

Pero peor aun es que el hombre se siga preguntando *¿cómo puede un Dios amante y justo permitir tanto sufrimiento en el mundo: desastres naturales y el sufrimiento que un hombre causa a otro?* De alguna manera, como Adán, el hombre busca la forma de echarle la culpa a Dios.

El comienzo de los sufrimientos

Ahora la naturaleza humana era imperfecta. La desobediencia directa del hombre trajo como consecuencia el juicio de Dios sobre la raza humana.

El dolor y el sufrimiento en el mundo comenzaron con un acto de desobediencia del hombre. Cristianos y no cristianos por igual, han heredado de Adán y Eva las consecuencias del pecado: un ambiente contaminado y la naturaleza pecaminosa.

¿Qué cosa es el pecado?

Satanás se exaltó a sí mismo sobre Dios y se dio a la tarea de tratar de lograr que el ser humano pusiera en tela de juicio la Palabra de Dios. Si Adán y Eva hubiesen resistido al diablo, él hubiera huido derrotado. Pero no lo hicieron (Génesis 3:13). En este punto comenzó la muerte. Y se trata de una muerte tridimensional.

1. Muerte espiritual instantánea: separación de Dios.
2. Muerte física gradual: desde el momento en que nacemos comenzamos a morir.
3. Muerte eterna final (sólo la misericordia salvadora de Cristo libera de esta muerte).

El pecado obra de la misma forma en todos nosotros, cualquiera que sea nuestra condición, naturaleza, o el ambiente en que vivamos. Somos depravados por naturaleza porque lo hemos heredado (Romanos 3:19), y nos toca llevar la sentencia de la culpa y la mancha del pecado. Cada persona tendrá que dar cuenta a Dios de sí.

Una crisis tras la otra

A lo largo de la historia de la humanidad, una crisis ha seguido a otra: Caín mató a Abel; el diluvio vino y sólo Noé y los que entraron en el arca se salvaron; en Babel imperó la confusión cuando sus habitantes comenzaron a hablar diversos idiomas. Y así ha sido a través de la historia, hasta el presente.

Lo bueno y lo malo se confunde

Ya hemos visto la progresión del "padre de mentiras". Comenzó en Edén. En cada crisis importante de la fe y la obediencia, a través de los siglos, Satanás ha estado presente. Y en la actualidad él sigue engañando a hombres y mujeres crédulos de todas las edades.

> *Toda la humanidad se encuentra bajo juicio, por haberse el hombre rebelado contra Dios y haberle desobedecido.*

Un viejo clérigo escocés dijo que el diablo tiene dos mentiras que utiliza en dos etapas distintas. Antes que cometamos un pecado, nos dice que un pecado pequeño tiene poca importancia: nadie se va a enterar. La segunda mentira consiste en que, después de haber pecado, nos asegura que no tenemos remedio. Todos hemos caído, individual y colectivamente, y Dios no considera que el pecado del hombre es asunto de poca importancia. Toda la humanidad se encuentra bajo juicio, por haberse el hombre rebelado contra Dios y haberle desobedecido. Las Escrituras dicen: "Como el pecado entró en el mundo por un hombre, y por el pecado la muerte, así la muerte pasó a todos los hombres, por cuanto todos pecaron" (Romanos 5:12).

Y las buenas noticias consisten en que, por el hecho de que Jesucristo murió en la cruz y se levantó de entre los muertos, no nos encontramos en una situación irremediable. Podemos estar reconciliados con Dios y volver a tener una relación correcta con El, si aceptamos la provisión que El ha hecho para el pecado: a su Hijo Jesucristo.

A medida que el pecado ha progresado y ha ido adquiriendo fuerza, el hombre moderno ha perdido la habilidad de conmoverse. Formas de conducta que una vez se tuvieron por abominables, hoy son aceptables. De una cosa sí podemos estar seguros: habrá muchos pecadores nuevos en la actualidad, pero no hay pecados nuevos. Sólo existen los pecados antiguos, vestidos con diferentes harapos.

El pecado siempre perjudica al inocente. Y a veces lo perjudica mucho más que al que lo comete.

Yo he descubierto, sin embargo, que la mayoría de los jóvenes quieren un código moral bien definido. Puede ser que no lo acepten o que no lo crean, pero sí desean escucharlo, claramente y sin rodeos. Pero, ¿dónde podremos encontrar tal código moral?

El departamento estatal de carreteras de Pensilvania, una vez se dio a la tarea de construir un puente. Iniciaron la labor simultáneamente desde los dos extremos. Cuando ambos lados se encontraron se dieron cuenta de que se habían desviado por un total de trece pies. Albert Steinberg escribió un artículo para el *Saturday Evening Post*, donde explicó que cada equipo de trabajadores, en ambos extremos del puente, había empleado sus propios puntos de referencia.

Hay un pequeño disco en el Rancho Meades, en la parte central de Kansas, donde el paraledo 39 del Atlántico al Pacífico atraviesa el meridiano 98, que va desde Canadá hasta el Río Grande. El *National Oceanic Survey*, pequeña agencia federal encargada de localizar la situación exacta de cada punto en los Estados Unidos, emplea el punto en el Rancho

Meades, reconocido científicamente, como punto de referencia. Hasta la fecha, no se ha cometido ningún error; y no es de esperarse que se cometa ninguno.

Todas las líneas marítimas y todos los aviones comerciales se rigen por esta agencia. El gobierno no puede construir presas ni lanzar siquiera un proyectil, antes que la mencionada agencia les proporcione la situación exacta. El artículo dice que "localizar un punto aproximadamente puede ser costoso y peligroso".

En el campo de la agrimensura, los términos "hito" o "marca fija", son de fundamental importancia. Es el punto de referencia desde el cual el agrimensor toma todas las medidas. Si la marca fija está errada, todos sus cálculos estarán equivocados. El punto de partida determinará dónde se ha de terminar.

Lo mismo sucede con la brújula, el sextante, y el sol y las estrellas. Si la brújula no marca con precisión se pierde el rumbo. Si el sol y las estrellas no estuvieran ordenados en sus situaciones, ningún marino podría guiarse por los mismos, con el fin de navegar por los mares del mundo sin perder el rumbo. Si no existen absolutos, puntos fijos de referencia, no podría haber certeza. El foco del conflicto que existe en el mundo hoy surge de la lucha que hay entre lo absoluto y lo relativo.

El punto de referencia que empleo para dirigirme a usted hoy, es el de un cristiano que cree en la Biblia. Todos mis valores, juicios y actitudes se miden tomando en cuenta este punto de referencia. Si usted parte desde otro punto de referencia, entonces puede ser que nos resulte muy difícil encontrarnos.

Dolor en el paraíso: sufrimiento en el hogar

¿Por qué sufrimos? ¿Por qué la vida nos parece desfavorable e injusta? Una cosa es cierta: la Biblia explica que el sufrimiento en el mundo es el resultado del pecado que hay en el mundo. Y la raíz del problema está en que el hombre se ha separado de Dios; y esto comenzó con Adán y Eva. Si la separación que produce el pecado no hubiese llegado a formar parte de la vida del hombre, no habría sufrimiento humano en el mundo.

En los planes originales de Dios no aparecía el sufrimiento. Por haber desobedecido voluntariamente la palabra y el mandato de Dios, el hombre trajo sobre sí mismo el sufrimiento. Y ha través de los siglos ha venido cosechando lo que ha sembrado. Pero el hombre culpa a Dios continuamente. ¿Cómo puede un Dios de amor permitir...? Dios siempre tiene la culpa.

¿De veras que hace falta saber cómo entró el sufrimiento en el mundo? Creo que es menester que conozcamos el origen del sufrimiento; porque si no, seríamos como el médico que recete una medicina sin haber hecho un examen médico.

> *El foco del conflicto que existe*
> *en el mundo hoy, surge de la lucha*
> *que hay entre lo absoluto y lo relativo.*

Cuando uno se está desangrando Dios no le da una curita; le hace una transfusión que le puede salvar la vida: la sangre de Su Hijo. Dios no tiene la culpa de que exista el pecado. Sin embargo, su amor lo movió a enviar a Su Hijo, para que muriese por nuestros pecados.

Mira, Padre, mira su rostro amado
míranos sólo a través de él.
No mires nuestro abuso de tu gracia,
Nuestra exigua oración y débil fe
Porque entre nuestros pecados y lo que merecen
Interponemos la pasión de tu Hijo.

5

Por qué sufrió Jesús

> *Cuando me pongo a pensar en mis cruces, mis tribulaciones, y mis tentaciones, me avergüenzo sobremanera al reconocer que son insignificantes si las comparo con los sufrimientos de mi bendito Salvador, Jesucristo.*
>
> Martín Lutero

UNA ABUELA SE ENCUENTRA CUIDANDO A SU nietecito. El teléfono suena. Mientras que ella habla por breves minutos, el niño se sube a la cerca, se cae en la piscina y se ahoga.

El auto, conducido por uno que se hallaba en estado de embriaguez, atropella y mata a tres atletas de la escuela secundaria.

Una linda adolescente se desaparece. Los perturbados padres la encuentran por las calles de San Francisco, viviendo en la prostitución.

Al hijo de su pastor le diagnosticaron un cáncer incurable.

A su hijo lo tienen de rehén en un país extranjero.

Llega el viernes y, con el pago, viene una nota de cesantía.

Las anteriores son dolorosas escenas del sufrimiento humano. Quizás usted haya pasado por situaciones aun más dolorosas que estas. Cuando pasamos por algunas de las duras pruebas de la vida, lo más natural es que nos centremos en nosotros mismos. Sea la angustia física o mental, el dolor que sufrimos siempre nos destroza.

Dios mismo no se mantuvo al margen del sufrimiento humano. El se hizo hombre -Jesucristo hombre- y compartió con el hombre todas las cosas. Philip Yancey escribió: "Dios, en el confortable ámbito del cielo, no se hace el sordo ante las voces de sufrimiento procedentes de este quejumbroso planeta".[1]

Dios vino al mundo

Hemos leído las historias, hemos contemplado muchas pinturas, y hemos presenciado numerosos programas navideños acerca del nacimiento de Jesús. Siempre me conmueven.

La vida de Jesús estuvo en peligro desde el mismo instante de su nacimiento. El niño más ilustre que ha nacido, indefenso y acostado en un pesebre, fue objeto del odio de muchos.

Sabemos muy poco sobre la infancia de Cristo. Lo que sí sabemos es que él tenía pleno conocimiento de su destino. Su vida completa se caracterizó por la humillación. El no vino como rey en plan de conquista, como lo esperaban los judíos, sino como un siervo humilde.

Ya en edad de adulto los líderes desconfiaban del carpintero de Nazaret, porque él constituía una amenaza para ellos. A Cristo lo trataron con desprecio. Lo acusaron de haber violado la ley de Dios y de carecer de santidad (que era un bebedor y que hacía amistad con la escoria de la sociedad). Los santurrones de su época, por lo antes dicho, lo consideraban culpable.

Mucha gente lo trató con violencia. Al inicio de su ministerio, los habitantes de su propio pueblo intentaron arrojarlo desde un cerro (Lucas 4:29). Líderes políticos y religiosos en más de una ocasión conspiraron para capturarlo y matarlo. Y, sin embargo, Cristo sanó a los enfermos, alimentó a los hambrientos, amó a aquellos que no eran objeto del amor de nadie; enseñó a los ignorantes, e hizo milagros entre su propia gente. Finalmente lo arrestaron y lo llevaron a juicio ante Pilato y ante Herodes. Aunque era inocente lo denunciaron como enemigo de Dios y el hombre. La multitud enfurecida incitó a los líderes religiosos y gritó: "Crucifícale".

Recordemos que él sabía de antemano lo que iba a ocurrir, por eso su sufrimiento era más intenso. El conocía el doloroso camino que le tocaba transitar. El previó el bautismo de sangre que le aguardaba. El le hizo saber a sus discípulos que le esperaba la muerte en la cruz, cosa que ellos no podían entender en aquel momento.

La cruz: símbolo del sufrimiento

La cruz de Jesucristo fue la culminación de la vida de la persona que ha sufrido más que ninguna otra, en toda la historia de la humanidad. Los detalles de Sus sufrimientos se anunciaron en las profecías del Antiguo Testamento, entre quinientos y mil años antes que sucedieran.

Cuando atravesamos por dificultades nos hace falta un amigo. Necesitamos a alguien que nos comprenda, que esté a nuestro lado y que nos diga: "Aquí estoy para ayudarte". Sin embargo, cuando a Cristo le hicieron falta amigos, lo abandonaron.

¡Qué golpe tan duro! Después de haber entrenado a los doce, éstos le fallaron de manera atroz. Todo el que ha sido abandonado sabe bien lo que significa sentirse despreciado. Cristo tuvo que comparecer solo ante sus acusadores. Tuvo que hacerle frente a su propio juicio sin ningún amigo que estuviera a su lado.

> *Jesucristo es la persona que ha sufrido más que ninguna, en toda la historia de la humanidad.*

El arresto de Cristo para ser juzgado no fue otra cosa que un linchamiento religioso. Falsos testigos hablaron contra él. "Buscaban falso testimonio contra Jesús, para entregarle a la muerte, y no lo hallaron, aunque muchos testigos falsos se presentaban" (Mateo 26:59-60).

Las autoridades judías habían decidido llevar a Cristo a la muerte, pero les hacía falta el permiso de Pilato, quien en aquella época era el oficial romano encargado de Jerusalén. Bajo el gobierno romano los judíos no tenían el derecho de llevar a cabo la pena capital. Pilato estaba convencido de que Cristo era inocente; tres veces lo declaró inocente. Entonces se le ocurrió una idea que a él le pareció le permitiría salirse de aquella encrucijada sin tener que tomar una decisión. Pilato tenía por costumbre poner en libertad a un preso antes que comenzara la celebración de la pascua. "¿Queréis, pues, que os suelte al Rey de los Judíos? Entonces todos dieron voces de nuevo, diciendo: No a éste, sino a Barrabás" (Juan 18:39-40).

Pilato sufrió una decepción cuando, en vez de a Jesús, los judíos escogieron a Barrabás, quien no era otra cosa que un asesino cualquiera. Es probable que Pilato se halla sobrecogido cuando llevó a Cristo, repleto de golpes, sangrando, en un estado que daba pena verlo, ante la multitud. Pero en vez de sentir simpatía por él, gritaban: "¡Crucifícale! ¡Crucifícale!"

Pilato era un hombre débil. Cuando los principales sacerdotes le hicieron saber que se convertiría en enemigo del César si no eliminaba a ese revolucionario, cedió a sus demandas. Antes de entregar a Cristo para que fuera crucificado, Pilato "tomó agua y se lavó las manos delante del pueblo, diciendo: Inocente soy yo de la sangre de este justo; allá vosotros". Sí, Pilato se lavó las manos y no quizo tener nada que ver con la muerte de Jesús.

Todas las señales apuntan hacia la cruz

La cruz de Jesucristo fue la culminación de la vida que más sufrimiento ha tenido en toda la historia de la humanidad. El sufrimiento de todo el mundo cayó sobre él. Y al que no conoció pecado, Dios lo hizo pecado por nosotros (2 Corintios 5:21). Desde el día de la crucifixión la cruz ha sido el símbolo supremo de la salvación del pecado.

Dios nos dice que no hay esperanza para el mundo aparte de la cruz. En presencia del liderazgo humano, del progreso de los descubrimientos científicos y de la diseminación del conocimiento, nos imaginamos que el hombre le puede hallar solución a sus propios problemas. Pero nuestra esperanza está, no en una organización, en un gobierno, o en una filosofía, sino en la cruz de Cristo.

Hay muchas personas a quienes sólo la mención de la sangre de Cristo les desagrada. Sin embargo, en la última visita que hice a la clínica Mayo, me di cuenta de que en cada mostrador hay un caja que contiene grandes folletos que llevan por título "Un regalo de vida". En estos folletos se insta al público a que done sangre al banco de sangre. Todo el que ha sido operado y ha recibido una transfusión de sangre, reconoce agradecido las propiedades vivificantes de este líquido.

El mensaje de la sangre, de la cruz, y la obra de redención, siguen siendo "locura" a los que se pierden (1 Corintios 1:18), "pero a los que se salvan, ... es poder de Dios".

¿Hemos sujetado a Dios a juicio?

En generaciones pasadas se pensaba que la humanidad estaba sujeta a juicio delante de un Dios santo. Pero parece que en la actualidad los papeles se han cambiado: la gente se figura que Dios está sujeto a juicio por todos los horrores que ocurren. Al inicio de este capítulo empleamos varias dolorosas ilustraciones del sufrimiento en la vida real. Es de humanos preguntarse: "¿Dónde estaba Dios cuando...?" Y cada cual puede terminar esta interrogante con su propio clamor.

> *Dios nos dice que no hay esperanza*
> *para el mundo aparte de la cruz.*

Cuando Cristo estaba en la cruz, derramando su sangre y lentamente perdiendo la vida, él supo lo que era estar solo, interrogando a Dios cuando el dolor le era insoportable. Pero su dolor era el sufrimiento de todas las épocas, las tinieblas más negras que el alma humana haya conocido.

¿Por qué sufrió Jesús? Por ti y por mí. Para que pudiéramos tener vida eterna y su paz, en medio de las pruebas. "La paz os dejo, mi paz os doy; yo no os la doy como el mundo la da. No se turbe vuestro corazón, ni tenga miedo: (Juan 14:27).

El sufrimiento carece de significado si no creemos que Dios entiende nuestro dolor y que puede sanarlo. Por el sufrimiento de Cristo podemos tener esta seguridad.

6

¿Quién pecó?

> *A pocos les agrada escuchar los peca-*
> *dos que les gusta practicar.*
>
> William Shakespeare

HAY GENTE QUE VE PECADO EN CADA ENFERME-
DAD. Y cuando hay pruebas o sufrimiento en la vida de sus
amigos, los angustian tratando de averiguar qué pecados
esconden. Aunque puede haber algo de verdad en sus preguntas, también éstas pueden ser una muestra de crueldad ante el
sufrimiento de otra persona. Estos son como los supuestos
amigos de Job, quienes se dieron a la tarea de señalarle a Job
cada falla cometida. Job llamó a sus amigos "consoladores
molestos".

Una niña se estaba muriendo de leucemia. Ya se había
perdido toda esperanza. Los padres recibieron una llamada de
una señora que decía ser una "sanadora". Y en busca de
cualquier cosa que le prolongara la vida a su hija, le pidieron
a esta señora que los visitara. Al llegar, la supuesta sanadora
hizo varias preguntas, echó una breve mirada a la débil
enferma, y luego dijo: "Algo anda mal aquí. Siento que en
esta casa hay pecado". Al escuchar estas palabras, la niña
comenzó a llorar y dijo: "Que se vaya, que se vaya".

Decir que toda enfermedad y todo sufrimiento es un castigo
de Dios por la mala conducta del hombre, no tiene otro

nombre que crueldad. Es asombrosa la cantidad de cristianos que encaran el sufrimiento de esta manera. Al principio pronuncian palabras de consuelo luego dejan un peso de culpabilidad (¿Qué pudiste haber hecho para merecer esto?, o un consejo piadoso ("Tal vez sea necesario que ores con mayor intensidad").

Una persona puede ser atormentada si en medio de sus sufrimientos se le formulan preguntas que la hagan sentir culpable. Si todos los sufrimientos son castigos por el pecado, entonces el mensaje de Dios es confuso; porque accidentes ocurren al azar y las enfermedades atacan tanto a la persona moral como a la inmoral.

Dios no enseña que todos los sufrimientos vienen por causa del pecado, ni que todos son castigos por los errores humanos. Yo no tengo derecho alguno de decirle a un padre sufriente por la muerte de su hijo, o a uno que enfermó de cáncer, o que su casa fue reducida a cenizas, que todo ese sufrimiento es por causa de su propio pecado.

En Juan, capítulo 9, los seguidores de Jesús le señalaron a un hombre que había nacido ciego e hicieron la siguiente pregunta: "¿Quién pecó, éste o sus padres?" Jesús les respondió que ni él ni sus padres habían pecado, "sino para que las obras de Dios se manifestasen en él". Los discípulos querían mirar hacia atras y averiguar la causa por la cual este hombre era ciego, pero Jesús les señaló hacia el futuro y hacia la esperanza de que aun el sufrimiento puede ser un medio para dar gloria a Dios.

¿A quién le hacen falta los amigos de Job?

Job fue un hombre que soportó tan extraordinarios sufrimientos, que la mayoría de nosotros podría decir: "No me hablen de Job; lo que el pasó no puede en ninguna manera compararse con mis aflicciones". Sin embargo, en la historia de Job Dios nos ha dado ejemplos excelentes de la clase de bienintencionados consejos que a veces dan los amigos. (¿Querrá Dios hacerte saber algo, Job? Debe haber algún motivo por el cual estás padeciendo. ¿Habrá algún pecado en tu vida? Arrepiéntete, Job, para que seas librado de tu miseria).

El mundo de Job un buen día se derrumbó. Perdió todas sus posesiones, sus siete hijos y sus tres hijas perecieron en un tornado; y Job fue herido "con una sarna maligna desde la planta de los pies hasta la coronilla de la cabeza". ¿Qué hizo Job para merecer tales calamidades? En la Biblia se nos dice que Job era un hombre "perfecto y recto, temeroso de Dios y apartado del mal".

Satanás tuvo que pedirle permiso a Dios antes que le fuera posible tocar las posesiones de Job, y, por supuesto, antes de poder afligir a Job personalmente. De alguna forma, todos los motivos mencionados por los amigos de Job, que, según ellos, podían ser los causantes del sufrimiento de Job, se parecen mucho a los que enumeran los cristianos en la actualidad. Job clamó ante los hombres que lo angustiaban con los pecados que supuestamente había cometido, y les dijo: "Aun siendo verdad que yo haya errado, sobre mí recaería mi error" (Job 19:4).

Un escritor afirmó lo siguiente: "Finalmente Job queda satisfecho, no porque todas sus interrogantes hayan recibido respuesta, sino por la revelación que recibió acerca de la incomparable majestuosidad de Dios".[1] Y al fin de cuentas, Dios descartó las teorías de sus santurrones amigos. Dios le dijo a Elifaz, uno de los amigos de Job, lo siguiente: "Mi ira se encendió contra ti y tus dos compañeros; porque no habéis hablado de mí lo recto, como mi siervo Job" (Job 42:7).

Philip Yancey escribió: "El libro de Job echa por tierra el concepto de que cada vez que sufrimos es porque Dios nos está castigando o porque nos quiere decir algo. Y aunque es cierto que en la Biblia se expone el principio en general de que 'el hombre cosecha lo que siembra', aun en esta vida (ver Salmos 1:3; y 37:25), el libro de Job demuestra que los demás no tienen derecho de aplicarle este principio a ninguna persona en particular. Si ha habido una persona que no merecía sufrir como sufrió, esa fue Job; sin embargo, pocos han sufrido más de lo que él sufrió".[2]

El libro de Job no se escribió con el propósito de dar respuesta al problema del sufrimiento, sino con el fin de proclamar a un Dios tan grandioso, que esa respuesta se hace innecesaria.

Conceptos erróneos acerca del sufrimiento

Entre los hijos de Dios desagradables se encuentran aquellos que consideran que todo sufrimiento es o bien resultado del pecado o que se trata de un castigo por los errores cometidos. No obstante lo dicho, existe otro concepto erróneo tocante al sufrimiento, a saber, que una vez que hemos venido a Cristo, ha de ser prácticamente imposible que el pecado nos controle nuevamente. Puede ser que creamos esto por el hecho de que la Biblia dice que "si alguno está en Cristo, nueva criatura es; las cosas viejas pasaron; he aquí todas son hechas nuevas" (2 Corintios 5:17).

Nos figuramos que estamos bien porque el mal carácter ha mejorado, nuestras almas están más calmadas y nuestros deseos mundanos se han debilitado. *¡Estoy bien, y cualesquiera que sean las pruebas o los sufrimientos que vengan, estoy preparado para enfrentarlos!*

Las pruebas llegan

Cuando las dificultades llegan, Dios pone a prueba a sus hijos, y entonces salen a relucir los motivos perversos en nuestra vida. Cuando uno se encuentra en un lago en el que las aguas están calmadas y transparentes, sobre el cual los rayos de luz se reflejan en luz multicolor, la paz y la belleza emanan de todas partes. Pero si arrecian los vientos, las nubes se derraman y las aguas se agitan, entonces se revuelve el fondo y se oscurece el lago. Así ocurre en nuestra vida. Cuando las pruebas nos sacuden, del fondo de nuestro ser pueden brotar pensamientos severos acerca de Dios. *Si Dios es tan amante y sabio, ¿por qué ha permitido que esto ocurra?*

El arzobispo Leighton dijo: "Las aflicciones extraordinarias no siempre son el castigo por la comisión de pecados extraordinarios; a veces son la prueba de gracias extraordinarias. Dios posee numerosos instrumentos afilados y ásperas limas para pulir sus joyas. Y aquellos a quienes les tiene especial amor, a quienes quiere hacer resplandecer por encima de los demás, les aplica sus instrumentos con mayor frecuencia".

¿Tenemos inmunidad contra los malos pensamientos y contra los actos de depravación cuando nos enfrentamos a las pruebas? Es que hasta algunos santos de la antigüedad, cuando fueron probados por Dios, no sólo se halló maldad en ellos, sino que a menudo la depravación que salió a relucir era lo último que uno podía esperar de ellos.

El rey David contempló una sola vez a Betsabé, esposa de otro, y no demoró en hacerla suya. Cuando Betsabé quedó embarazada, David planeó el asesinato de su esposo. Cuando a Pedro lo identificaron como discípulo de un Cristo condenado ya a muerte, negó que lo conocía. Y Así, a través de la Biblia, hallamos ocasionalmente ejemplos de fuertes hombres de la antigüedad, creyentes en Dios, que pusieron de relieve sus más íntimos pensamientos de maldad y se manifestaron con acciones perversas cuando les tocó enfrentarse a las pruebas.

Dios nos señala nuestras faltas

Se nos dice: "Hijo mío, no menosprecies la disciplina del Señor, ni desmayes cuando eres reprendido por él" (Hebreos 12:5). ¿Qué significa ser reprendido? Es el mismo vocablo que se emplea en otros pasajes para hacernos saber que Dios "nos señala nuestras faltas". Puede ser que la represión comience con mucha suavidad. Sencillamente lea lo que el Señor le dice a las iglesias, en el libro de Apocalipsis. En la mayoría de los casos El hace mención de las buenas obras y del servicio hecho por estas iglesias; pero después viene la reprensión. "Pero tengo contra ti, que has dejado tu primer amor". Estas fueron las palabras que dirigió al ángel de la iglesia en Efeso.

¿Cómo podemos saber cuándo Dios nos está reprendiendo? Algunas reprensiones son leves y otras más severas. Cuando se trata de reprensiones leves, nuestra inclinación es a hacerles poco caso.

> *Cuando las dificultades llegan,*
> *Dios pone a prueba a sus hijos, y entonces salen*
> *a relucir los motivos perversos en nuestra vida.*

¿Se ha dado cuenta de que cuando los demás nos señalan nuestras faltas a menudo nos desalentamos? Pero cuando es Dios quien nos las señala, no perdemos el ánimo. Con la reprensión divina viene también el deseo de mejorar. Bien puede ser que Dios nos esté susurrando al oído con una prueba leve. Ese "silbo apacible y delicado" puede ser una advertencia, una sacudida en nuestra conciencia.

Medicina más potente

¿Puede el pecado de una persona o el de unos pocos causarle sufrimiento a muchos? La respuesta es, por supuesto, afirmativa. Ningún pecado afecta solamente al que lo ha cometido. El pecado se riega como un gas venenoso por todas las grietas que se encuentra. Lo que tal vez fue la rebelión de unos pocos hombres contra Dios, ha traído como consecuencia la plaga más insidiosa que este mundo ha padecido. La influencia del pecado llega tanto al culpable como al inocente... y aun más allá.

De la irresponsable cultura sexual de los sesenta y los setenta, hemos heredado la epidemia del SIDA. Durante los primeros años después de su descubrimiento, la reacción de la comunidad cristiana ante esta enfermedad ha abarcado desde el pánico hasta la santurronería; en la mayoría de los casos, como resultado de la ignorancia.

La Biblia enseña claramente que la práctica del homosexualismo es un pecado, pero concluir que el SIDA es una enfermedad sólo de los homosexuales, constituye una política pública desastrosa. El antiguo inspector de sanidad C. Everett Koop calcula que para finales de 1991 habrá alrededor de 270.000 casos de SIDA; y sólo en los Estados Unidos habrán muerto 179.000 personas, desde que se dio a conocer la enfermedad, hace diez años. Los homosexuales, por la forma en que practican el acto sexual, son transmisores efectivos del SIDA. Sólo ellos constituyen entre sesenta y cinco a setenta y cinco por ciento de los casos conocidos. No obstante lo dicho, veinticinco por ciento de los casos lo constituyen los drogadictos que emplean el método intravenoso para suministrarse las drogas. Además, diez por ciento de las víctimas contrajeron la enfermedad mediante relaciones heterosexuales o de una tranfusión de sangre. Y hay muchos que nacen contaminados con el SIDA, porque su mamá lo tenía cuando quedó embarazada, o por alguna forma de contaminación desconocida aún.

Si el SIDA nunca se hubiese convertido en una enfermedad, la práctica del homosexualismo seguiría siendo pecado, según nos dice la Biblia. Los problemas de relaciones sexuales extramaritales, que han causado angustia, enfermedad y quebrantamiento, aún existirían. Nuestros pecados tarde o temprano nos alcanzan, y éstos aumentan nuestra capacidad para causar sufrimiento.

> *La influencia del pecado llega tanto al culpable como al inocente... y aun más allá.*

Estoy convencido de que a muchas víctimas del SIDA, por la gracia de Dios, se les ha concedido que vivan un poco más. Cuando se enteran de lo serio de su enfermedad, tienen la oportunidad de reconocer que Dios los ama y que es un Dios de gracia. La iglesia debe darse a la tarea de ministrar a estas personas y darles a conocer la promesa del perdón de Dios.

El acto sexual: Es pecado y no es pecado

Hay quienes afirman que la revolución sexual está perdiendo impulso. La gente a visto los estragos que ha causado el

SIDA, y han hecho ajustes en su estilo de vida. Charles Colson dijo: "Hay una dolorosa ironía en el hecho de que el SIDA ha logrado lo que toda la predicación en el mundo no pudo conseguir. ¡La gente le tiene más temor a la enfermedad que al juicio de Dios!"[3]

El Dios de amor estableció la monogamia en el matrimonio y la santidad de lo que conocemos con el nombre de la familia tradicional. Dentro del matrimonio, las relaciones sexuales son un regalo de Dios, pero cuando se abusa del sexo fuera del matrimonio, es aterrador lo que puede ocurrir. Y esto no es novedad en nuestra generación. La inmoralidad sexual siempre ha sido causa de muerte y juicio, y ha llevado al mismo infierno. El SIDA, de manera inequívoca, se lo ha hecho recordar a nuestra sociedad. Pero no sólo ha sido el SIDA el que ha hecho su papel de hacernos recordar estas verdades.

Una película muy popular en años recientes, titulada *"Fatal Attraction* (Atracción fatal), relata la historia de un hombre, supuestamente respetable, que concluyó que una corta relación amorosa fuera del matrimonio no iba a perjudicar a nadie. La bella mujer con quien tuvo relaciones sexuales, resultó ser una persona al borde de la psicopatía, la cual entonces se fue más allá del borde. En el aterrador clímax de la película, a la mujer le faltó poco para asesinar a la esposa de su amante. Esta historia saca a la luz algo que en lo más profundo de nuestro corazón todos sabemos: si queremos una vida buena, no podemos entregarnos a prácticas dudosas y arriesgadas, por decir lo menos.

Se hace mal uso del sexo, sin la más mínima preocupación por las consecuencias. Desgraciadamente, aun dentro del ministerio cristiano, nos tropezamos ocasionalmente con casos de esta clase de abuso. Algo que Dios creó con el fin de que fuera hermoso dentro de los límites del matrimonio, se ha degradado aun en la propaganda de los fabricantes de perfumes y en las tiras cómicas. ¿Hasta dónde va a llegar todo esto, Señor, hasta dónde?

La Biblia nos presenta a Jesús, en diversos relatos, al hacerle frente al pecado sexual. Tenemos, por ejemplo, el caso de una mujer, en Juan 8. La noche anterior Jesús la había dedicado totalmente a la oración. Se hallaba en el portal del templo, donde se había congregado una multitud. De repente, interrumpen bruscamente a Jesús. Se trataba de un grupo de fariseos que traían por la fuerza a una pobre mujer que había sido sorprendida en el mismo acto de adulterio. La mujer lloraba. Ella esperaba que la apedrearan. Se trataba de una trampa que le tendían a Jesús, puesto que le preguntaron qué se debía hacer con esa mujer.

El dilema ante el cual se encontraba Jesús era el siguiente: si él aprobaba la muerte de la mujer por lapidación, entonces entraba en conflicto con el gobierno romano, puesto que sólo éste tenía la autoridad para aplicar la pena capital. Si se oponía a que la apedrearan, quebrantaba la ley mosaica. El caía en la trampa de todas maneras. Así que, Jesús se inclinó y comenzó a escribir en tierra. Sólo podemos conjeturar en cuanto a lo que él escribió en la arena aquel día. ¿Pudo haber sido que con su propia mano escribiera en tierra los diez mandamientos?

Cristo les dijo: "El que de vosotros esté sin pecado sea el primero en arrojar la piedra contra ella" (Juan 8:7). ¿Se imaginan a aquellos líderes religiosos, intranquilos y sin atreverse a mirarse el uno al otro? Ninguno podía arrojar la primera piedra, puesto que todos eran culpables. Ellos mismos se habían arrastrado hacia el juicio, igual que habían arrastrado a la mujer. Desafortunadamente, algunos cristianos han tratado de la misma manera a los que padecen de SIDA. Han tratado de hacer resaltar un asunto en una discusión en lugar de ver a la víctima como un pecador más que necesita ser perdonado y atendido.

La historia anterior la comprendemos muy bien, por el hecho de que nosotros sabemos que estamos, en cierto modo, parados en medio de aquella multitud, con necesidad de que se nos perdone. Quizás no somos culpables de adulterio, pero es posible que lo seamos de idolatría, de tener apetitos carnales, de avaricia o de cualquiera que sea nuestro pecado íntimo o personal. Tal vez no seamos portadores del virus del SIDA, pero Dios nos libre de convertirnos en fariseos modernos, condenando a otros, mientras que cargamos con nuestro propio virus de pecados sin confesar, de los que no nos hemos arrepentido.

Cuando Simón Freud comenzó a escribir, al inicio del presente siglo, se quejaba del provincialismo de la era victoriana; y señalaba como causa de muchas clases de neurosis a la represión sexual de aquella sociedad. Pero si Freud volviera a la vida en la actualidad, quizás cambiaría de parecer y le echaría la culpa, hoy, al libertinaje y la falta de barreras sexuales.

La iglesia, en la mayoría de los casos, se ha esforzado por enseñar que el sentirse culpable y el sufrimiento son uno de los resultados de la inmoralidad sexual. Por eso es que el llamado "sexo sin riesgos", no existe. Puede que sea libre de embarazos o de enfermedades, pero no exento de dolor y de aflicción. Además, ¿qué derecho tiene alguna iglesia de intentar la aprobación de determinados estilos de vida, o de ciertos actos, cuando para éstos, en el Antiguo Testamento, Dios prescribía la pena de muerte?

¿Por qué nos hizo Dios seres sexuales? Una vez les hablaba a los cadetes de la academia de West Point y, cuando nos marchábamos en el auto, el capellán me dijo: "Sabe usted, Dios nos ha dado uno de los dones más difíciles de manejar: el sexo". Y luego me preguntó que si yo sabía por qué. Le contesté que me parecía que sí sabía. En primer lugar, Dios nos ha hecho seres sexuales para que nos atraiga el sexo opuesto. Esto es natural y también cosa normal. En el principio Dios vio lo que había creado y concluyó que todo era bueno en gran manera.

En segundo lugar, Dios nos dio el sexo con el fin de que la raza humana se propagara. Ninguno de nosotros existiría si no fuera por el sexo. Así fue como lo quiso Dios, que de la unión matrimonial vinieran los hijos.

Dios nos ha dado la sexualidad también para que fuese un medio por el cual pudiéramos expresar nuestro amor. Por eso es que el sexo no es sólo para que los hombres de mundo se diviertan; constituye la forma en que de manera más profunda podemos decirle a nuestro cónyuge: "Te quiero a ti y tan sólo a ti. Me entrego completamente sólo a ti".

La sexualidad humana fue otorgada como gloriosa contribución para el amor matrimonial. Fue dada para que un hombre y una mujer hallaran un medio de expresar esa unidad que sólo se produce en el lazo matrimonial. Nos metemos en arena movediza en el ámbito emocional, si violamos esas reglas que rigen el matrimonio; y las consecuencias a menudo son la depresión, la desesperación y tal vez aun la enfermedad.

> *Dios nos ha dado la sexualidad también para que fuese un medio por el cual pudiéramos expresar nuestro amor.*

El pecado causa un impacto tremendo en el aspecto sexual del hombre. Y así podemos concluir que si el pecado afecta la vida sexual, afectará también nuestra vida en su totalidad. A menudo el pecado empuja a la gente a refugiarse en continuas actividades sexuales y en otras distracciones, en vez de buscar a Dios.

En nuestros días hay un ejército creciente de rebeldes en contra de Dios, que han hecho uso equivocado del don de la sexualidad. Lo que Dios nos ha dado como un don que debe producir gozo, con frecuencia ha sido convertido en instrumento para nuestra propia destrucción. Sin embargo, tenemos las maravillosas buenas nuevas de la compasión de Dios; como en el caso de la mujer adúltera que fue traída ante Jesús. El le dijo que abandonara su vida de pecado y que no iba a ser condenada.

Existen diversas clases de rebeldes en contra de Dios. Algunos creen que toda enfermedad y todo accidente son efectos del pecado. Por juzgar a los demás causan aflicción a muchas vidas. Otros rebeldes desafían las leyes divinas y traen sufrimiento sobre su propia existencia, que puede repercutir en la vida de otros.

La mojigatería y el juzgar sin derecho a los demás, no traerá alivio a los corazones afligidos. La esperanza está en Jesucristo, la luz que fue enviada a este mundo sin esperanza.

7

Por qué sufren los hijos de Dios

> *La explosión que Cristo produce en la vida de uno transforma la personalidad humana. A menudo produce paz mental, contentamiento, felicidad y gozo. Pero detenerse allí, como hacen muchos, sería algo así como comparar la vida real con un cuento infantil, en el que héroes y heroínas "viven felices de allí en adelante".*
>
> Charles Colson, Cadena perpetua

UN NUEVO CREYENTE EN JESUS PUEDE RECIBIR una falsa impresión de lo que constituye la vida cristiana normal. Puede ser que escuche a un predicador que, por el deseo que tiene de ganar para Cristo a sus oyentes, idealiza la experiencia cristiana, presentándola como libre de cuidado y lo más positiva que le sea posible. Muy a menudo los creyentes comienzan su vida cristiana remontados por alturas emocionales. Son testigos de contestaciones extraordinarias a la oración y todo en su mundo se les presenta color de rosa.

No puedo menos que comparar este estado anímico con el que experimentó el público estadounidense durante los primeros días de la guerra en el golfo Pérsico. Todo parecía favorecernos, a medida que nuestros valientes pilotos arrasaban las instalaciones del enemigo y hallaban poca resistencia. Sin embargo, el presidente Bush, compareciendo ante las cámaras de televisión, advirtió que no debíamos ponernos demasiado eufóricos como resultado del aparente éxito de la campaña.

El entrenamiento de los *marines* es riguroso en extremo. La disciplina física por la que deben pasar va más allá de lo que la mayoría de ellos ha tenido que soportar. Aun los que están en mejor estado físico quedan extenuados. Además, la disciplina mental a que los someten los empuja hasta llegar a los límites de sus habilidades. En un combate real se pone a prueba todo este entrenamiento. Cuánto más peligroso habría sido si se les hubiesen puesto tareas fáciles a lo largo del proceso de entrenamiento y se les hubiera elogiado por cada logro obtenido.

El ser cristianos no nos libra del entrenamiento riguroso, lo que a veces significa que habrá aflicciones. Si el entrenamiento resultara fácil, entonces no estaríamos preparados para enfrentarnos a los días difíciles que se avecinen.

Errores de táctica

Hay dos graves errores que se pueden cometer al reaccionar ante el sufrimiento. El primero consiste en pensar que el maestro es cruel. Muchos *marines* tienen este concepto de los sargentos que los entrenan, pero cambian de opinión cuando entran en combate.

El segundo error está en que, estando preparados para la batalla, no se admita la posibilidad de ser heridos o capturados. La vida cristiana es un campo de batalla. Y la antítesis es la teología de la riqueza y la salud. Según esta teología, el creyente merece las bendiciones materiales y físicas de Dios, por el solo hecho de que somos sus hijos. Si caemos en cualquiera de estos errores, viviremos siempre angustiados con la cuestión de por qué sufren los cristianos.

No puedo responder por qué un inocente niño muere después de haber padecido una larga enfermedad; ni por qué es truncada la vida de un excelente ministro, cuando su fructífero ministerio es tan necesario. Mientras escribo este libro, uno de mis amigos está muriendo de cáncer, otro sufrió un ataque cardíaco, un tercero tiene un tumor cerebral y otro sufrió un ataque de parálisis.

Yo no creo que el sufrimiento, por sí solo, nos enseña nada. Si así fuera, ¡todo el mundo sería sabio! No obstante lo dicho, yo sé que la Biblia nos da motivos válidos, los cuales pueden responderle a los burlones que dicen: "Si tu Dios es tan grande, ¿por qué no te libra de tu sufrimiento?

Porque somos humanos

Durante la niñez hemos oído que la bondad tiene su recompensa y la maldad su castigo. Al que se porta bien le compran helado; al que se porta mal lo mandan temprano a la cama. Esto se puede convertir en una blanda enseñanza teológica que nos dice que si trabajamos en la iglesia, asistimos a estudios bíblicos y damos apoyo a nobles causas, de alguna forma seremos recompensados. Entonces, cuando llegan los momentos tempestuosos, las víctimas se preguntan: "¿Por qué ha permitido el Señor que yo pase por esto, después de todo lo que he hecho para El?" Regateamos con el Señor y le queremos entregar nuestras buenas obras a cambio de sus bendiciones. Volvemos a pensar de manera infantil y nos figuramos que, por nuestra buena conducta, recibiremos estrellitas doradas en el expediente.

Al finalizar la guerra del Golfo me dirigí a la ciudad de Greensburg, estado de Pensilvania. Allí hice uso de la palabra durante un servicio que se celebró en memoria de los que murieron en sus barracas en Dhahran, víctimas de un ataque de proyectiles Scud. Alrededor de una cuarta parte de las víctimas de la guerra eran residentes de un pequeña zona en Pensilvania. Y la gente me preguntaba: "¿Por qué ha permitido Dios esto?" Los desastres, los problemas y las enfermedades constituyen la herencia común de la humanidad, y tanto cristianos como no creyentes los padecen, por el hecho de que todos participamos en la experiencia humana.

Porque pecamos o desobedecemos a Dios

Si un cristiano se enoja, dice una mentira, o comete cualquier otro pecado, de seguro que Dios lo disciplinará. El apóstol Pedro le hizo saber a los creyentes de su época que el juicio debía comenzar por la casa de Dios (ver 1 Pedro 4:17).

De la misma forma en que un niño necesita corrección, a los hijos de Dios les hace falta que los corrijan también.

Gran número de niños en la actualidad se están criando sin disciplina alguna. A medida que se van haciendo adultos y la disciplina del trabajo o las exigencias familiares recaen sobre ellos, no saben cómo salir adelante. Los niños del presente necesitan la disciplina para que se conviertan en miembros útiles de la sociedad. De igual manera los hijos de Dios necesitan la disciplina para que se conviertan en miembros útiles de la familia de Dios.

Las Escrituras nos dicen que el Señor disciplina al que ama, y castiga a todo el que recibe por hijo. "Si soportáis la disciplina, Dios os trata como a hijos; porque ¿qué hijo es aquel a quien el padre no disciplina?... Es verdad que ninguna disciplina al presente parece ser causa de gozo, sino de tristeza; pero después da fruto apacible de justicia a los que en ella han sido ejercitados" (Hebreos 12:7, 11).

El cristiano tiene enormes responsabilidades que cumplir en el ámbito de su familia. Esposos y esposas deben amarse los unos a los otros y someterse los unos a los otros. Tenemos el deber de enseñar a nuestro hijos el camino por el que *deben* andar, no por el que ellos *quieren* andar. Mi esposa y sus admirables padres enseñaron a nuestros hijos durante los tiempos difíciles en que yo tuve que ausentarme a menudo del hogar. Dios me bendijo dándome una mujer que sabía disciplinar con amor.

Si descuidamos las responsabilidades que tenemos en nuestra propia familia, tarde o temprano sufriremos las consecuencias.

Yo se de un líder cristiano que por muchos años había tratado con dureza a su esposa, hasta que un día ella sufrió un severo colapso, físico y mental. Este hombre se enamoró de su secretaria, pero quería seguir siendo un líder en su comunidad. El quería tenerlo todo, pero no le fue posible. Había una lucha terrible en su corazón, hasta que perdió la sonrisa, y el gozo de su corazón lo abandonó. La situación en que se encontraba se hizo tan evidente, que otras personas se enteraron de lo que ocurría y dieron a conocer su pecado. El sufrimiento se le hizo insoportable, y todo por causa de su propio pecado. Que yo sepa, él no se ha arrepentido aún.

Si en nuesta vida cristiana no somos fieles o no mostramos amor, pagaremos el precio mediante una conciencia que nos acusa o recibiendo el castigo de Dios. Muchos cristianos que profesan creer en Cristo, no viven de una forma que demuestra que Cristo vive en ellos. Hay hipócritas en la iglesia —aun en el púlpito— y enseñando en escuelas bíblicas y en seminarios. El no creyente los observa y concluye: "Si en eso consiste el cristianismo, yo no quiero ser cristiano". Pero en la época en que Jesús vivió en esta tierra, también había hipócritas. Y Cristo no se anduvo con paños tibios con ellos. Les dijo: "¡Ay de vosotros, ... hipócritas! porque cerráis el reino de los cielos delante de los hombres" (Mateo 23:13).

Para disciplinarnos

Mi hermano Melvin procuró describir cómo era yo en la niñez, y afirmó que en aquel entonces el vocablo "hiperactivo" no se conocía, pero que bien hubiera empleado ese calificativo para describirme. Supongo que cualquiera hubiese dicho que yo tenía más energía de la cuenta. Es más, uno de mis maestros le dijo a mi madre: "Billy nunca llegará a ser nada".

Así que, a mí me disciplinaron también. Mi padre supo usar la vara de corrección. No obstante lo dicho, yo estaba convencido de que mi padre me amaba.

> *Los hijos de Dios necesitan la disciplina*
> *para ser miembros útiles de Su familia.*

Jesús dijo: "Yo reprendo y castigo a todos los que amo" (Apocalipsis 3:19). Dios disciplina con amor. Puede ser que la vida de un cristiano sea difícil, pero Dios tiene su plan divino para moldear nuestras vidas, y a menudo en ese plan está incluido el sufrimiento.

Recuerdo cuando estuve en Dohnavur, en la India, donde vivía una mujer extraordinaria. Ella había escrito más de cuarenta libros. Los últimos veinte años de su vida los pasó postrada en una cama. Pero fue durante esos años que ella escribió la mayoría de sus libros. Esa mujer se llamaba Amy Carmichael.

Al hallarme, de pie, en el sencillo cuarto que había sido su cárcel personal durante todo ese tiempo, la presencia de Cristo se hizo tan real para mí, que cuando me pidieron que dirigiera una oración no me fue posible contener las emociones, por lo que no pude continuar. Me dirigí a mi compañero de viaje, el gran industrial alemán John Bolton, hombre muy disciplinado y aparentemente poco emotivo, y le dije: "John, ora tú". Comenzó la oración, pero después de haber pronunciado unas pocas palabras él también se emocionó y no pudo continuar; las lágrimas le corrían por su bien parecido rostro.

Cuando hablo del sufrimiento, lo que incluye todos los elementos del dolor y la angustia que el hombre conoce y no sólo el sufrimiento físico, yo me encuentro en el mismo plano que los demás. Me gustaría que en mi vida no hubiesen problemas ni dolor, y no tener que pasar por disciplinas rigurosas. Pero he tenido que atravesar por presiones tan fuertes, que he querido escaparme de la realidad. He llegado hasta el punto de querer pedirle al Señor que me lleve al cielo.

C. S. Lewis dijo en *El problema del dolor*: "Usted quisiera saber cómo me comporto yo cuando paso por momentos de dolor, no cuando escribo libros acerca del mismo. No hace falta adivinar, yo se lo puedo decir; soy un tremendo cobarde... Pero ¿de qué aprovecha que le cuente acèrca de mis sentimientos? Ya usted los conoce; son iguales que los suyos. Yo no discuto que el dolor no sea doloroso, porque lo es".[1]

Debo admitir que a veces me siento insuficiente cuando se trata de hablar acerca de la disciplina divina mediante el dolor. He podido estar cerca de personas que han perdido a sus hijos en un accidente automovilístico o después de padecer una larga enfermedad. Mi propio sobrino, Sandy Ford, murió después de haber sido sometido a una operación por causa de una extraña afección cardíaca. En la hora del sufrimiento pude estar con sus padres, Leighton y Jean.

He podido estar con líderes que han arruinado su carrera por haber tomado decisiones equivocadas. He visitado lugares que han sido devastados por terremotos, fuegos y bombas.

Cuando mis seres queridos han padecido, mi deseo ha sido quitarles el sufrimiento y echármelo yo encima. Sin embargo, yo tengo ya más de setenta años de edad y mi esposa, mis hijos, mis nietos y mis biznietos, todos viven aún. ¿Cómo podré yo siquiera atreverme a hablar acerca de la disciplina del sufrimiento? Sin la ayuda de la Palabra de Dios y los ejemplos que me dan las vidas de otros creyentes, yo tendría tanta capacidad para escribir sobre el sufrimiento como la que tendría un niño para enseñar física nuclear.

Dios imparte su disciplina con sabiduría. Horacio Bonar dijo: "¡Cuán profunda debe ser la sabiduría en todo lo que él hace! El sabe exactamente lo que necesitamos y la forma de abastecer esa necesidad.... El momento, el método y el instrumento para hacerlo él los escoge de acuerdo a su perfecta sabiduría".[2]

> *La recompensa de algunos, en la,*
> *vida venidera, puede que sea mucho mayor,*
> *por el hecho de que sufrieron en momentos*
> *en que no se vislumbraba alivio alguno.*

Cuando a Charles Colson lo enviaron a la cárcel por el papel que jugó en el escándalo de Watergate, la sabiduría de Dios fue la que supo utilizar su sentencia. Puede que haya sido un juez el instrumento humano por medio del cual Dios hizo su obra; pero el resultado no fue otra cosa que el plan de Dios para la vida de un hombre que, desde aquel entonces, ha ministrado a miles de personas, dentro y fuera de las cárceles alrededor del mundo.

Cuando nos encontramos en medio del sufrimiento nos resulta difícil ver la sabiduría de la disciplina de Dios. En el capítulo bíblico de la fe (Hebreos 11) hay una lista de algunos de los grandes héroes de Dios. Algunos de estos creyentes de la antigüedad son: Abraham, Isaac, Jacob, José y Moisés. Muchos fueron librados gloriosamente por su fe. Sin embargo, otros fueron torturados, flagelados, apedreados, encarcelados y despojados de todas sus posesiones.

En esta gran lista de la fe, comenzando con la segunda mitad del versículo 35, encontramos la lista divina de la "medalla de honor". Los dos últimos versículos de Hebreos 11, dicen así: "Y todos éstos, aunque alcanzaron buen testimonio mediante la fe, no recibieron lo prometido; proveyendo Dios alguna cosa mejor para nosotros, para que no fuesen ellos perfeccionados aparte de nosotros" (vv. 39-40).

La recompensa de algunos, en la vida venidera, puede que sea mucho mayor, por el hecho de que sufrieron en momentos en que no se vislumbraba alivio alguno. Ellos creyeron y confiaron, aun cuando no fueron liberados. Es necesario que nosotros nos demos cuenta de que cuando Dios permite que estas cosas sucedan, existe un motivo, el cual con el tiempo habremos de saber (tal vez cuando lleguemos al cielo).

Podemos sacar provecho del sufrimiento

El lugarteniente de la marina Clebe McClary se hallaba en un puesto de observación de combate, bien adentrado en territorio controlado por el enemigo, en Vietnam. Durante los cinco meses que había sido líder de patrulla, no había perdido en combate a ningún hombre. El nunca se imaginó que lo iban a herir. El no había tenido negros presentimientos acerca de su misión; pero una noche, en 1968, granadas enemigas hicieron blanco en su trinchera. Aquella noche perdió el brazo izquierdo, el ojo izquierdo y una pierna. El describió el incidente de la siguiente forma: "La muerte me miró de frente y vio a una indefensa bola de carne ensangrentada y de huesos quebrados".

Por un milagro de la gracia de Dios, McClary sobrevivió. Aunque él era un hombre "religioso", no fue hasta que salió del hospital y asistió a un estadio en Carolina del Sur, donde escuchó al evangelista Billy Zeoli predicar el evangelio, que invitó a Cristo a entrar en su corazón. Un año después McClary dio su testimonio en una de nuestras cruzadas, en Anaheim, California, y compartió con cincuenta y seis mil personas lo que Dios había hecho en su vida.

¿Sacó Clebe McClary algún provecho de la severa prueba que lo incapacitó para toda la vida? He aquí lo que él escribió: "Considero que mi sufrimiento no fue en vano. El Señor ha utilizado mis experiencias para bien, de tal forma que muchas vidas han acudido a él. Es difícil concebir que de la guerra de Vietnam haya podido salir algo bueno; pero yo no creo que nuestros esfuerzos fueron en vano. Ciertamente se sembró alguna semilla para Cristo y ésta no podrá ser extirpada".[3]

El apóstol Pedro nos dice el motivo por el cual pasamos por pruebas y persecusiones: "Para que sometida a prueba vuestra fe, mucho más preciosa que el oro, el cual aunque perecedero se prueba con fuego, sea hallada en alabanza, gloria y honra cuando sea manifestado Jesucristo" (1 Pedro 1:7).

¿Se acuerdan de Job? Si ha habido un hombre que ha pasado por pruebas, se llamó Job. Sin embargo, he aquí la conclusión a que él llegó: "Mas él conoce mi camino; me probará, y saldré como oro" (Job 23:10). En esto consiste el reaccionar de manera positiva ante las pruebas y sacar provecho de las mismas, en vez de criticarlas porque interfieren con el curso normal de la vida.

Las pruebas por las que a menudo atraviesan los cristianos no son otra cosa que el cumplimiento del propósito de la gracia de Dios en nosotros; él quiere que seamos como él planeó que fuéramos cuando determinó darnos la vida. Como el escultor, Dios comienza su obra con un trozo de mármol en bruto. Pero él ya tiene en mente una imagen de lo que quiere crear. El quiebra, rebaja, cincela y pule, hasta que un buen día la visión que él tenía aparece ante sus ojos, como el *David* de Miguel Angel. En el presente la escultura que Dios crea en nosotros está sin terminar. Dios no ha acabado su labor.

Para que acudamos a la Biblia

Martín Lutero dijo: "Si no fuera por las tribulaciones yo no podría entender las Escrituras". El estudio de la Biblia puede llegar a hacerse rutinario e insípido cuando lo ponemos en la lista de "cosas que hacer hoy". Pero ¡con qué rapidez aprendemos en un día de aflicciones o cuando surgen problemas!

Nos damos cuenta de lo ignorantes que somos de las promesas bíblicas cuando, en tiempos de pruebas, nos sentimos
impelidos a estudiar las Escrituras.

Joni Eareckson Tada describió lo que ella sintió mientras
se hallaba postrada e indefensa en un hospital. En su libro que
lleva por título *Joni*, escribió que por primera vez ella había
hallado significado en la Biblia. "Ahora mis propias 'pruebas
de fuego' me eran un poco más fácil de sobrellevar, a medida
que veía la forma en que yo encajaba en el plan divino, muy
en particular por la lectura de los Salmos". Joni personificó
las palabras de David en el Salmo 41:3: "Jehová [me] susten-
tará sobre el lecho del dolor".

Una joven cuyo hermano perdió la vida, cuenta de cómo
tomó la Biblia en sus manos y, nublada su vista por las
lágrimas, leyó hasta hallar un versículo en particular. Llamó
a su angustiada madre y le dijo: "Mami, escucha este versículo: 'Pues si vivimos, para el Señor vivimos; y si morimos,
para el Señor morimos; así pues, sea que vivamos o que
muramos, del Señor somos' (Romanos 14:8). Mami, no hay
problemas, yo se dónde está Bob".

En el momento en que nos llega el dolor, la decepción, la
tristeza, o el pesar, es posible que quedemos abatidos. Nos
quedamos perplejos y no concebimos que pueda salir ningún
bien de nuestra calamidad. Pero en poco tiempo, leyendo
pacientemente la palabra de Dios, es probable que podamos
afirmar lo mismo que David: "Bueno me es haber sido
humillado para que aprenda tus estatutos. Mejor me es la ley
de tu boca que millares de oro y plata" (Salmo 119:71-72).

Para que intensifiquemos nuestra comunión con
Dios

Los problemas tienen la virtud de ponernos de rodillas con
mayor rápidez que cualquier otra cosa. Durante la guerra en
el golfo Pérsico, se escuchaba hablar sobre la oración con
mayor frecuencia que en cualquier época reciente. Hasta
algunos periodistas duros de corazón hablaban sobre la oración.

Con mucha frecuencia descuidamos el privilegio de la oración, hasta que tocan a nuestra puerta las dificultades o el sufrimiento. Entre los más grandes guerreros de la oración que yo conozco, están numerosos creyentes que se encuentran en hogares de ancianos o internados en un hospital. En mi propia madre tenemos un ejemplo de una cristiana que sabía orar. Durante sus últimos años de vida ella no podía valerse por sí misma y estaba con dolores constantes. Ella estaba convencida de que el único motivo por el cual el Señor no se la había llevado era para que ella orase por los demás. Y resultó ser un ministerio asombroso. Cada vez que se enteraba de que alguien tenía una necesidad, le pedía a Rosa, su compañera, que le escribiera una nota y se la enviara con algún dinero.

Me hallaba en Francia para celebrar una cruzada e hice una llamada telefónica a mi madre. Rosa me dijo que mamá le había dado el versículo bíblico del día, que era Colosenses 1:9: "Por lo cual también nosotros desde el día que lo oímos, no cesamos de orar por vosotros, y de pedir que seáis llenos del conocimiento de su voluntad en toda sabidurías e inteligencia espiritual". Mientras que yo, a miles de millas de distancia, estaba preocupado por mi querida madre, que estaba enferma y adolorida, ella tenía un versículo para darme aliento a mí.

El sufrimiento nos enseña a ser pacientes

Una mujer que vivía en constante dolor afirmó que ella no podía vivir día por día, como le había aconsejado su médico. "Yo vivo momento tras momento, sabiendo que puedo soportar esa cantidad de dolor. Cuando ese momento pasa ya puedo comenzar a vivir otro momento".

Con mucha frecuencia descuidamos el privilegio de la oración, hasta que tocan a nuestra puerta las dificultades o el sufrimiento.

Hellen Keller afirmó lo siguiente: "Encara tus deficiencias y admite que las tienes, pero no permitas que te dominen. Déjalas que te enseñen paciencia, dulzura y discernimiento. Cuando hacemos nuestro mejor esfuerzo para todo, no sabemos qué milagro vamos a forjar en nuestra propia vida o en la de otra persona".[4]

En Sofonías 3:17 se nos dice que Dios "callará de amor". A veces nos parece que Dios está tan callado. Sin embargo, cuando nos damos cuenta de la forma en que él obra en las vidas de personas que están presas por las circunstancias; cuando escuchamos cómo puede resplandecer la fe a través de la incertidumbre, somos capaces de al menos vislumbrar el fruto de la paciencia, el cual puede brotar del sufrimiento que se ha experimentado.

Pedro dice lo siguiente: "Pues ¿qué gloria es, si pecando sois abofeteados, y lo soportáis? Mas si haciendo lo bueno sufrís y lo soportáis, esto ciertamente es aprobado delante de Dios" (1 Pedro 2:20). La gente sufre y le pide a Dios una explicación. Y a menudo citan (o les citan) uno de mis versículos favoritos, que es Romanos 8:28: "Y sabemos que a los que aman a Dios, todas las cosas les ayudan a bien, esto es, a los que conforme a su propósito son llamados". El cristiano observa las circunstancias y dice: "¿Cómo puede esto ayudarme a bien?" No podemos dar respuesta a esa interrogante. Sólo Dios puede hacer que ayude a bien. Pero no lo puede lograr si no hacemos nuestra parte. En todas nuestras oraciones debemos pedir que se haga la voluntad de Dios.

Calvin Thielman, pastor de la iglesia a la que asistimos, explica Romanos 8:28 de la siguiente forma: Los ingredientes de un pastel, por separado, no tienen muy buen sabor. La harina, sola, no sabe bien. El polvo de hornear, los huevos crudos, el chocolate amargo y la grasa, no saben bien. Ninguno de estos ingredientes sabe bien por separado, pero cuando se juntan pueden producir un pastel delicioso. De la misma manera, Dios reúne todas las pruebas que atravesamos y hace que sean para nuestro bien.

Yo no soy de los que creen que debemos cancelar la suscripción al diario y deshacernos del televisor, para así no enterarnos de lo que pasa en el mundo. Pero cuando veo las horribles injusticias, la crueldad y la furia ciega que existe no puedo menos que preguntar: "¿Se ha enloquecido el mundo?"

El hecho de que Dios todavía es todopoderoso, que nada puede afectar mi vida sin que Dios lo permita, me da tranquilidad. Me suceden cosas que no puedo comprender, pero jamás tengo dudas del amor de Dios. A la hora de la prueba puede ser que yo no vea su designio, pero estoy seguro de que éste debe estar en armonía con sus propósitos.

Pero lo que puede dejarlo a uno perplejo es la siguiente interrogante: "¿Por qué Dios, ante la furia y la rebelión que hay en este mundo, donde se glorifica el pecado y lo bueno se tiene en poco, se dignó a enviar a su unigénito Hijo para que amara, sanara, consolara y, al cabo de treinta y tres años de enseñanza y servicio, entregara su vida por este mismo mundo?"

Cuando al brillante teólogo suizo Karl Barth un grupo de teólogos jóvenes le preguntaron cuál había sido la verdad teológica más importante que él había descubierto durante su vida de estudios, el viejo sabio se quedó en silencio, mientras que fumaba en su pipa y con aire pensativo estudiaba la pregunta. Los estudiantes permanecieron en silencio, en ansiosa expectación. Por fin, después de sacarse la pipa de la boca y hacer una pausa, simplemente afirmó: "¡Cristo me ama, bien lo sé; Su palabra me lo hace ver!"

El misterio del amor de Dios no sería un misterio si supiéramos todas las respuestas. Sin fe es imposible agradar a Dios. Lo que sí poseemos son las respuestas que nos da la Biblia; y con este fundamento tenemos la oportunidad de compartir el amor de Jesucristo mismo.

Es de vital importancia que contestemos estas preguntas o que aprendamos a vivir con ellas; porque ellas, al igual que el dolor que nos conduce a formularlas, son inevitables. El apóstol Pablo tuvo que vivir con estas mismas preguntas no contestadas; sin embargo, las utilizó para aumentar su fe en vez de permitirles que se la disminuyera. El afirmó que ahora vemos como a través de un espejo empañado, pero que un día todo se nos aclarará.

En el primer librito que escribió, mucho antes que fuera conocida en todo el mundo, Corrie ten Boom dijo, acerca de lo que ella había pasado en la prisión de Ravensbruk, durante la Segunda Guerra Mundial, lo siguiente:

Yo no entendía el porqué del sufrimiento, salvo en el caso de mi propio sufrimiento en este lugar. Dios me había traído a este sitio para que realizara una labor específica. Me hallaba en este lugar para guiar al Salvador a los afligidos y a los que estaban en estado de desesperación. Yo iba a ser testigo de cómo Dios los iba a consolar. Y a mí me tocaría señalarles el camino que conduce al cielo a personas de las cuales muchas pronto iban a morir.... El porqué de mi propio sufrimiento me tenía sin cuidado.

También había aprendido lo siguiente: Que a mí no me tocaba cargar con el pesar y las preocupaciones de todo el mundo en que vivía. Así que, oré de esta manera: Señor, enséñame a echar todas mis cargas sobre ti y a seguir adelante sin ellas. Sólo tu Espíritu puede enseñarme esa lección. Dame tu Espíritu, oh Señor, y yo tendré fe, tal fe que nunca más llevaré una carga de preocupaciones".[5]

¿Dónde está Dios cuando tenemos sufrimientos? El siempre está presente y todo lo sabe; él está con nosotros en todos nuestros sufrimientos y nuestras luchas. Nada que pueda suceder en nuestras vidas toma a Dios por sorpresa. No estamos solos en nuestros sufrimientos, pues tenemos un Dios que nos ama, quien es "nuestro pronto auxilio en las tribulaciones".

En todas nuestras oraciones debemos pedir que se haga la voluntad de Dios.

Dios tiene el timón de nuestra vida en sus manos. Puede que él no nos quite las pruebas ni nos proporcione una manera de evitarlas, pero sí nos fortalece por medio de las mismas.

8

Cuando sufro,
¿qué hago?

> *Agunas veces el Señor calma la tempestad; otras veces él permite que ruja la tormenta y entonces lo calma a uno.*
>
> Autor desconocido

EL SUFRIMIENTO PUEDE EMPUJARNOS EN UNA de dos direcciones. Nos hace maldecir a Dios por haber permitido nuestra desdicha, o nos empuja hacia él en busca de alivio. Hay un dicho que reza así: "Dios dice: Ayúdate que yo te ayudaré". Sin embargo, yo estimo que nos trae muchísimo mayor consuelo decir: "Dios nos ayuda cuando estamos desvalidos".

La enfermedad nos enseña que la actividad no es la única forma de servir a Dios. También sirven aquellos que sólo han podido esperar. El hombre tiene la tendencia de juzgar el trabajo activo, pero Dios nos muestra que a él se le puede glorificar también por medio del sufrimiento.

Linda había sido envenenada con sustancias químicas; las defensas de su organismo quedaron destruidas. Ahora ella era "alérgica al mundo". Ella estaba como el muchacho que vivía en un globo, con el fin de protegerse de toda contaminación atmosférica. Linda pasó cinco años de su vida de joven adulta entrando y saliendo de las salas de cuidados intensivos y de las unidades de aislamiento. Ella afirmó: "La mayoría de las veces mis pensamientos eran incoherentes. Sólo podía ocuparme de luchar por sobrevivir".

Durante esos años de intenso sufrimiento, Linda batalló para alcanzar una pequeña meta. Leía un versículo de la Biblia diariamente y dedicaba un minuto a la oración. "Y esto solo era una tarea agobiante", expresó ella.

Cuando finalmente pudo salir de la prisión del aislamiento del hospital, comenzó a tratar de ayudar a otros. Fundó una organización que lleva por nombre *Direct Link* (Enlace directo). Esta organización enlaza o conecta a una persona incapacitada con una fuente de ayuda y apoyo. Linda dijo: "El Señor me dio el sufrimiento para que yo pudiera socorrer a los que sufren en el mundo de los incapacitados".

Jesús dijo: "Lo que os digo en tinieblas, decidlo en la luz" (Mateo 10:27). ¿Qué significa esto para nosotros? Quiere decir que debemos permanecer en silencio y escuchar a Dios, cuando las cosas están en su peor momento, y así podremos hablarles a otros cuando hayamos mejorado.

Oswald Chambers lo explicó así: "Fíjate dónde te pone Dios en la oscuridad, y cuando allí te encuentres mantén tus labios cerrados... Cuando estamos en la oscuridad es el momento de escuchar y de prestar atención. Si le hablas a otras personas no podrás oír lo que Dios te dice. Cuando estés en la oscuridad, escucha; y Dios te dará un precioso mensaje para que lo compartas con otra persona, una vez que ya te encuentres en la luz".[1]

Las reacciones del hombre ante el dolor son tan diversas como el dolor mismo. Muchos sostienen que las mujeres pueden soportar más dolor que los hombres. Es más, sobre este asunto alguien escribió lo siguiente: "El hombre soporta el dolor como si fuera un castigo inmerecido; la mujer lo acepta como una herencia natural". He observado a las mujeres cuando pasan por dolores, por lo que estoy de acuerdo con la afirmación anterior. La mayoría de las esposas pueden confirmarlo.

El resentimiento es un asesino

El resentimiento conduce a la amargura. Por ejemplo, Lord Byron y Sir Walter Scott fueron escritores y poetas talentosos, que vivieron durante la última parte del siglo décimoctavo y la primera del décimonoveno. Ambos estaban lisiados. Byron vivía amargamente resentido por su defecto, y se quejaba constantemente por la suerte que le había tocado en la vida. A Scott nunca se le oyó quejarse de su impedimento.

Un día Scott recibió una carta de Byron que decía: "Yo daría la fama que tengo a cambio de la felicidad que tu disfrutas". ¿En qué radicaba la diferencia en la forma de reaccionar ante el sufrimiento y la actitud de ambos ante sus impedimentos? Byron se sentía orgulloso de la vida libertina que llevaba. Sus principios morales eran cuestionables. Sin embargo, Scott fue un creyente en Cristo cuya valerosa vida fue la demostración de sus principios y sus valores.

Una amiga nuestra cuyo esposo la había abandonado, después de cincuenta años de matrimonio, para irse con una chica que, por la edad, podía haber sido su nieta, nos preguntó una vez: "¿Qué hace uno con la amargura?" La amargura es parecida a un absceso. Produce pus, crece y luego se encona. Este proceso es muy doloroso. Pero una vez que está en su punto, revienta por sí solo o hay que punzarlo, para que salga todo el veneno. Aun así, toma tiempo para que la herida sane, y siempre quedará una cicatriz.

La amargura puede estrangular a un ser humano. Puede convertir a los que sufren en gente quejumbrosa y llena de lástima propia; gente que, tarde o temprano, ahuyenta a los demás. La Biblia dice: "Mirad bien, no sea que alguno deje de alcanzar la gracia de Dios; que brotando alguna raíz de amargura, os estorbe, y por ella muchos sean contaminados" (Hebreos 12:15).

Betty era una mujer diminuta, pero ejercía una profunda influencia en su hija y en sus nietos. Se enfermó después que falleció su esposo. Ella se había diagnosticado todo padecimiento que aparecía en la enciclopedia médica del hogar. Mantenía a su hija en continua tensión, porque la llamaba día y noche por alguna emergencia. A los nietos no les agradaba visitarla. Ella estaba resentida por el hecho de que, por sus continuas enfermedades, reales o imaginarias, se veía obligada a depender de su familia. Y, finalmente, ahuyentó a su propia familia.

Si nuestra vida está centrada en nosotros mismos y ocurre cualquier cosa que interrumpe nuestros bien trazados planes, nuestra tendencia natural es reaccionar con impaciencia y resentimiento. Solemos echarle la culpa a Dios cuando las cosas salen mal; y cuando parece que todo marcha a pedir de boca nos atribuimos el mérito de lo logrado. Esto se puede convertir en un modo de vida para nosotros, como ocurrió en el caso de Betty, y el resultado no es atrayente sino repulsivo.

El resentimiento y la amargura se producen cuando nos empeñamos en oponernos a lo que Dios ha permitido que nos ocurra. Los cristianos que son fuertes en la fe crecen a medida que aceptan cualquier cosa que Dios permite que ocurra en sus vidas. El resentimiento puede aumentar el dolor físico. De la fatiga a la tensión va un corto trecho, y el dolor se intensifica más.

Resentirse contra la disciplina que proviene de la mano de Dios y hacerle resistencia a ésta, resulta en la pérdida de una de las mayores bendiciones espirituales que un cristiano pueda disfrutar en esta vida. Aunque Job sufrió como pocos han sufrido, nunca perdió de vista la presencia de Dios, que lo acompañaba cuando estaba en medio del sufrimiento. Al final de sus sufrimientos Job salió victorioso, porque nunca permitió que el resentimiento perjudicara su relación con Dios.

El resentimiento nos amarga la personalidad. Pero hay otra forma, aparentemente noble y piadosa, de reaccionar ante las aflicciones. Esta reacción la oímos entre los suspiros de los autodenominados mártires.

Sufriendo y suspirando

El que sufre, respirando profundamente, le hace frente al diario vivir con lastimosa resignación. Seamos francos, la mayoría de nosotros se siente de esa forma en algún momento en la vida. "No me queda más remedio que soportarlo", decimos, sonriendo a la fuerza. Sin embargo, la resignación no es en sí una virtud cristiana. Los estoicos de la antigua Grecia aceptaban las calamidades con resignación, porque éste era el distintivo de su filosofía. A menudo la resignación es una salida fácil, algo así como un calmante, como una anestesia, en un momento en que la acción debía predominar.

Todos, casi seguro, hemos pasado por épocas en que nos parece que no debemos sonreír por nada ni para nadie; o ponernos un pasador en la solapa que muestre una carita sonriente, cuando estamos llorando por dentro. Yo me alegro de que David no vivió en alturas espirituales continuamente. ¿Se imaginan los Salmos que nos hubiéramos perdido si David hubiese dicho: "Pierdan cuidado, amigos, las cosas no podían irme mejor"? David se quejó, lloró y se sintió abandonado, pero no continuamente.

Tal parece que los cristianos están programados para sufrir en silencio. Pero Dios oirá nuestras quejas, y lo maravilloso de todo esto es que él no nos lo va a echar en cara.

David se negó a resignarse a las derrotas que a veces amenazaban con aplastarlo. En más de una ocasión, tanto en su vida personal como en la pública, parecía estar "derribado sobre la lona", pero siempre dirigió su mirada más allá de los obstáculos y los problemas, para fijarla en Dios. Cuando estamos metidos en un hoyo, no tenemos que resignarnos al destino o a la mala suerte, sino decir: "Alzaré mis ojos a los montes; ¿de dónde vendrá mi socorro? Mi socorro viene de Jehová, que hizo los cielos y la tierra" (Salmo 121:1-2).

> *Los cristianos que son fuertes en la fe*
> *crecen a medida que aceptan cualquier cosa*
> *que Dios permita que ocurra en sus vidas.*

Si nuestra vista está puesta en nosotros mismos —en nuestros problemas y en nuestros dolores— no podremos alzar nuestros ojos al cielo. Cuando un niño está caminando con su papá, él mira hacia arriba confiadamente; lo mismo debe suceder en el caso del cristiano.

En nuestra sociedad, desafortunadamente, se toleran muy poco las enfermedades y el dolor de los demás. Sacamos de nuestra presencia a los enfermos, o al menos procuramos no pensar en ellos. Y cuando no nos tratan como a alguien que tiene valor, nos resentimos. Muchas personas que padecen de prolongadas enfermedades cuentan de cómo durante los primeros días o semanas de enfermedad, reciben tarjetas y llamadas telefónicas. Pero muy pronto el buzón se vacía, el teléfono deja de sonar y los visitantes se hacen cada vez menos numerosos. Se le impone la soledad a una persona que sufre, porque aquellos que tienen salud no quieren que los incomoden.

A veces nos parece que nuestras cargas son demasiado difíciles de llevar. Nos hundimos en la arena movediza del dolor físico y emocional. Pero Jesucristo se inclina hacia nosotros con un amor que nunca falla, que jamás olvida y que siempre está a nuestra disposición, y nos dice: "Venid a mí todos los que estáis trabajados y cargados, y yo os haré descansar. Llevad mi yugo sobre vosotros, y aprended de mí, que soy manso y humilde de corazón; y hallaréis descanso para vuestras almas; porque mi yugo es fácil, y ligera mi carga" (Mateo 11:28-30).

Venid. Llevad. Aprended. ¡Qué palabras tan poderosas! Hay en ellas una invitación para que aceptemos nuestras cargas y dolores y saquemos provecho de ellos. Un músculo se debilita si no se ejercita. Para que un músculo se fortalezca hay que hacerle resistencia. Para llegar a las cimas más elevadas una persona debe aprender a sacarle provecho a las dificultades.

Dave Dravecky, ex lanzador estrella de los Gigantes de San Francisco, se rehabilitó de manera formidable, después de haber sido sometido a una operación de cáncer. Estuvo dando charlas por toda la nación sobre cómo vencer la adversidad. Después que le extirparon de su brazo izquierdo cincuenta por ciento del músculo más importante para lanzar la bola, Dave lanzó vigorosamente por ocho entradas, para derrotar a los Rojos de Cincinnati, cuatro carreras a tres. En aquel momento Dravecky, con lágrimas, exclamó: "¡Es un milagro!"

Cinco días después de esta victoria, sufrió la fractura del brazo izquierdo. Ya no podía jugar por el resto de la temporada. Sin embargo, él se imaginó que podría nuevamente rehabilitarse. Pero sus esperanzas se vieron frustradas cuando los médicos descubrieron un tumor canceroso en su brazo izquierdo.

Dravecky dijo: "Nadie jamás nos aseguró que la vida sería justa. Todo el mundo tendrá que hacerle frente a las adversidades. Y la única forma de manejar estas situaciones es quitando la vista de nuestras propias circunstancias y poniéndolas en el Señor".[2]

Las comodidades y la prosperidad jamás han podido enriquecer al mundo como lo han hecho las adversidades. Del dolor y de los problemas han surgido los cantos más dulces, los poemas más conmovedores y las historias que más absorben la atención. Cuando hemos visitado a nuestra hija mayor, casada con un suizo, hemos subido en una telesilla a las alturas de los Alpes, con el fin de disfrutar el panorama. Yo no soy esquiador, así que realizamos los viajes en verano. Desde alturas vertiginosas observamos flores tan bellas como pocas hay en el mundo. Es casi inconcebible que todas esas flores hacía sólo pocas semanas habían estado sepultadas bajo una profunda capa de nieve. Los rigores del hielo y de las tormentas invernales habían acentuado su crecimiento y brillantez.

> *Las comodidades y la prosperidad jamás*
> *han podido enriquecer al mundo*
> *como lo han hecho las adversidades.*

Nuestras cargas pueden tener el mismo efecto en nuestra vida. Los cristianos, al hacer frente a los vientos de la adversidad y a las tormentas de dificultades, pueden surgir con mayor belleza. Serán como los árboles que crecen en las laderas de las montañas de Carolina del Norte abatidos por los vientos, pero productores de la madera más fuerte que se pueda encontrar.

El resentimiento y la resignación no son la respuesta para el problema del sufrimiento. Si aceptamos lo que nos ha tocado en la vida y nos aferramos al Señor y a la fortaleza que él da, tendremos alivio para nuestro dolor. Existe algo más que la aceptación, y esto es la aceptación con gozo. ¿Puede esto ser posible?

Lo que cuenta es la actitud

Cuando Jeff Steinberg subió cojeando a la tarima, el auditorio reaccionó con lastimosa sorpresa. Su cuerpo estaba trágicamente deformado y se le dificultaba el caminar. La cabeza, en proporción con el cuerpo, la tenía muy grande; y sujetaba un micrófono con los garfios que le servían de manos. Pero su sonrisa era mayor que su incapacidad. Jeff Steinberg tenía una canción y su propio lema, que decía así: "Soy una obra maestra en construcción".

En lugar de tener su enfoque en los problemas físicos que tenía, le prestaba atención a los dones que Dios le había otorgado y les sacaba el mayor provecho. El podía reír, cantar y hablar a otros sobre el amor de Dios.

No poseemos un escudo mágico que nos proteja de los problemas. Después de todo, lo que cuenta es nuestra actitud: Nuestra actitud hacia nosotros mismos y hacia Dios. Podemos hacer que las cargas se conviertan en bendiciones o permitir que esas mismas cargas nos aplasten.

Santiago dijo: "Hermanos míos, tened por sumo gozo cuando os halléis en diversas pruebas, sabiendo que la prueba de vuestra fe produce paciencia. Mas tenga la paciencia su obra completa, para que seáis perfectos y cabales, sin que os falte cosa alguna" (Santiago 1:2-4).

El gozo es uno de los distintivos de un verdadero creyente. No se trata de una emoción efusiva ni de una sonrisa fingida, sino de la seguridad que nos da el conocer el amor de Dios. Leí en las noticias acerca de unos soldados en el golfo Pérsico, quienes se pusieron a ver videos de sus familiares residentes en los Estados Unidos. Metidos en una lóbrega tienda de campaña, sorbiendo café para contrarrestar el frío, los soldados escuchaban en silencio mientras que una de las esposas, puesta en pie, cantaba un himno evangélico, para que su esposo lo escuchara cada vez que se sintiera solo. Tener gozo no es sólo dar brincos y saltos cuando nuestro equipo anota un gol. El gozo es una emoción profunda y permanente, aquella que le permite a una esposa que se siente sola extenderse y llegar a un hombre igualmente solo con la presencia de Dios. La habilidad de tener gozo en cualquier situación es un signo de madurez espiritual.

Pablo atravesó sus pruebas cantando y regocijándose. Sus mayores victorias fueron fruto de las persecusiones que padeció. El le escribió lo siguiente a los romanos: "Sino que también nos gloriamos en las tribulaciones, sabiendo que la tribulación produce paciencia.... ¿Quién nos separará del amor de Cristo? ¿Tribulación, o angustia, o persecusión?... Gozosos en la esperanza; sufridos en la tribulación; constantes en la oración" (Romanos 5:3; 8:35; 12:12).

Grady Wilson fue uno de mis mejores amigos, además de ser colaborador mío y compañero de viajes. Siempre se las arreglaba para ver el aspecto cómico de las cosas y con esto hacerme reír. El era una de esas personas de las que emanaba gozo, y cualquiera que le conociera pronto descubría que la frase "tened por sumo gozo" era su expresión favorita.

Todos conocemos personas no cristianas que parecen tener el secreto del gozo, pero cuando llegan los tiempos de dificultades ese aparente gozo desaparece. Pero también conocemos a otros que profesan ser cristianos que tal parece que continuamente chupan limones. Estos son los que resisten la voluntad de Dios para sus vidas y se quejan de que la vida los ha maltratado injustamente. El secreto del gozo para el cristiano es Cristo mismo: "A quien amáis sin haberle visto, en quien creyendo, aunque ahora no lo veáis, os alegráis con gozo inefable y glorioso" (1 Pedro 1:8).

> *La habilidad de tener gozo*
> *en cualquier situación*
> *es un signo de madurez espiritual.*

Recuerdo haber visitado a un anciano que había sido misionero en China la mayor parte de su vida. Siempre había tenido buena salud y su fortaleza era poco común. Su profunda dedicación a Cristo y el amor que existía entre su esposa y él hacían que los demás lo amaran y lo admirasen. Pero se enfermó de un cáncer que se ramificó por diversas partes de su organismo. Lo visité con el fin de ministrarle, pero resultó que él me ministró a mí. Poseía un gozo y una refulgencia poco comunes. Cuando me disponía a irme se levantó de la cama y me acompañó hasta el auto. Jamás podré olvidar el último momento de nuestra despedida. Con una magnífica sonrisa y un alegre adiós con el brazo, me dijo: "Sigue predicando el evangelio, Billy. Mientras más viejo me pongo, tanto mejor es Cristo conmigo".

Cuando estamos tan comprometidos con el mundo que perdemos de vista la eternidad, podemos perder el gozo. Mi suegro, Nelson Bell, fue un hombre muy despegado de las cosas materiales. Tanto era así que, cuando abrimos su ropero después de su muerte, sólo tenía dos trajes. Las cosas materiales no eran muy importantes para él.

Durante mis viajes he descubierto que aquellos que tienen el cielo siempre presente, se mantienen serenos y alegres en los momentos más negros de la vida. Si las glorias del cielo fueran más reales para nosotros, si viviéramos menos para lo material y más para lo eterno y espiritual, sería más difícil que esta vida nos pudiera perturbar.

Un amigo me dijo que me detuviera en cierta calle de Londres, con el fin de escuchar a un hombre que solía tocar la gaita. Cuando llegamos, el hombre estaba tocando "Sublime gracia", y sonriendo de oreja a oreja. Mi amigo le preguntó que si era oriundo de Escocia; él le contestó: "No, señor, mi hogar está en el cielo. Sólo estoy de paso por este mundo".

¿Aun más cerca, mi Dios, de ti, o más lejos?

¿Cómo respondemos a la crisis o al sufrimiento? Podemos resentirnos, resignarnos, o aceptar el sufrimiento con gozo, sabiendo que Dios es el que controla nuestra vida.

Amy Carmichael, quien vivía la mayor parte del tiempo adolorida, es un sorprendente ejemplo de una cristiana cuyo sufrimiento físico le permitió reflejar el carácter de Cristo. Vivió su vida regocijándose en medio de la tribulación. Ella escribió los versos siguientes:

> Antes que la tormenta haya cesado,
> Enséñame en tu calma a morar:
> Antes que el dolor haya pasado,
> Permíteme, mi Dios, un salmo cantar.
> Que no pierda la ocasión de poseer
> La plenitud del amor capacitante.
> Oh Amor de Dios, quiéreme conceder:
> Que yo viva en victoria constante.[3]

Recompensas aquí y después

Dios obra de maneras inesperadas con el fin de darnos fortaleza y gozo en medio del sufrimiento. Las Escrituras dicen: "También vosotros ahora tenéis tristeza; pero os volveré a ver, y se gozará vuestro corazón, y nadie os quitará vuestro gozo" (Juan 16:22). Y dicen también: "Porque esta leve tribulación momentánea produce en nosotros un cada vez más excelente y eterno peso de gloria" (2 Corintios 4:17).

Sí, podemos hallar gozo en medio del sufrimiento. Estoy convencido de que lo que les toca a aquellos que padecn aflicciones es más envidiable que lo de aquellos que parecen estar apartados, que nada padecen, como un fino adorno encerrado en una vitrina. Si no pasan nubes oscuras sobre nuestra vida, jamás conoceremos el gozo que da la luz del sol. Corremos el peligro de encallecernos y de perder la habilidad de aprender, si no aprendemos del dolor.

Alguien ha dicho que si tu copa te parece demasiado amarga y tu carga demasiado pesada, debes cerciorarte de que es la mano herida la que sostiene la copa y de que el que te ayuda a llevar la carga es aquel que cargó con la cruz. "Venid a mí todos los que estáis trabajados y cargados, y yo os haré descansar. Llevad mi yugo sobre vosotros, y aprende de mí ... porque mi yugo es fácil, y ligera mi carga"

(Mateo 11:28-30).

9

Cuando el corazón
se quebranta

> *Yo buscaré la perdida, y haré volver al redil la descarriada, vendaré la perniquebrada, y fortaleceré la débil.*
>
> Ezequiel 34:16

SE TRATABA DE LA NOTICIA QUE MAS TEMIA ella. La joven esposa de un cabo que prestaba servicios en el golfo Pérsico, recibió la noticia de que su esposo había sido muerto al instante, en Arabia Saudita, por un proyectil teledirigido. Ella afirmó: "Jamás podré olvidar lo nauseabunda que me sentí cuando abrí la puerta y me dieron la noticia".

Puede ser que el corazón de usted se esté quebrantando por la angustia que le ha causado la muerte de un ser querido. Quizás usted tenga un hijo que ha padecido de una larga enfermedad, o que se haya marchado de la casa en abierta rebeldía. Tal vez usted ha perdido su empleo o ha tenido un fracaso devastador en su vida personal. Es posible que lo que usted desea sea solamente aliviar el dolor de otra persona.

En *Hope for the Hurting*(Esperanza para el que sufre), Doug Sparks escribió lo siguiente acerca de las angustias que encaramos: "Si no te estás enfrentando a una en este momento, ya vendrá. Si tu vida es lo suficientemente larga llegará el día en que tendrás que seguir adelante aunque tengas el corazón hecho pedazos".[1] De alguna forma tenemos que seguir adelante.

Mi esposa se crió en China, pero yo nunca he podido dominar el idioma. El método chino de escritura es pictográfico, es decir, contiene caractéres que representan imágenes mentales. Y me han dicho que la imagen que representa la perseverancia es la de un cuchillo y un corazón. Cuán cierto es esto en nuestras experiencias personales. ¿Qué hace usted cuando se siente como si le hubieran partido en dos el corazón? ¿Cómo sigue adelante (persevera) con un cuchillo clavado en el corazón?

La aflicción tiene muchas caras

El hijo de Bárbara Johnson, un infante de marina, murió en Vietnam. Cinco años después, su hijo mayor perdió la vida cuando un conductor, en estado de embriaguez, lo atropelló con el auto. Dos años más tarde, en la víspera de la graduación de otro hijo de una escuela universitaria, él le hizo saber a su madre que era homosexual. La aflicción se sumó a la aflicción. El cuchillo que tenía clavado en el corazón estaba tan afilado que ella creyó que iba a morir. Ella escribió lo siguiente: "Tengo la impresión de que estoy sufriendo un ataque cardíaco. Yo no se qué nombre se le puede dar a esto que estoy padeciendo, pero creo que me estoy muriendo. No puedo ni respirar, me estoy asfixiando. Tengo la garganta completamente seca y una sensación extraña en los dientes".[2]

Cuando Bárbara Johnson describió sus reacciones como cristiana, dijo: "Ahí están todas las promesas de Dios; todas son reales y verdaderas, pero ahora uno está sangrando, en carne viva y adolorido, y tiene que aferrarse a esas promesas aunque por el momento no parezcan servirle de nada".[3]

Las reacciones ante las aflicciones son tan variadas como las aflicciones mismas. Mientras que algunas personas lo que desean es morirse, otras estallan de enojo. Gritan y maldicen al mundo y blasfeman contra Dios. Los sociólogos han procurado clasificar las diferentes clases de aflicciones de acuerdo a la severidad de éstas. Sin embargo, nadie puede ver los problemas de los demás a través de una lupa, salvo Dios.

A menudo la aflicción va acompañada de la culpa. Sea real o imaginaria, la culpa aumenta la aflicción. Si se trata de la culpa falsa o imaginaria, caemos en la trampa de pensar que si hubiéramos estado en casa hubiésemos podido llamar a los paramédicos a tiempo; que si le hubiéramos prohibido estar fuera hasta la media noche... Todos estos pensamientos son emociones normales que experimentamos cuando nos sentimos culpables de algo sobre lo cual no tenemos control alguno.

Pero existe también la verdadera culpa. Las emociones se nos ponen en carne viva cuando sabemos que hemos desobedecido las leyes humanas o divinas o hemos descuidado lo que Dios nos ha dado. Un gráfico ejemplo de culpa causada por descuido lo tenemos en el caso, publicado en las noticias, de un hombre que iba en el auto con su familia rumbo al supermercado que se encontraba a pocas cuadras de distancia de su casa. Su esposa sostenía en brazos al bebé, en lugar de haberlo asegurado en su sillita. El padre dobló hacia la izquierda y, por accidente, chocó contra un auto que venía. Por el impacto, el bebé se estrelló contra el parabrisas y murió al instante. Poco después de ocurrido el accidente al perturbado padre lo acusaron de homicidio impremeditado, porque no había obedecido la ley que exige que todos los niños menores de cuatro años deben viajar en la sillita protectora. Imagínense la intensidad de la aflicción, aumentada por la culpa, que se acumuló en el corazón de ese padre.

¿Cómo podremos comprender las aflicciones de los demás sin haber estado nosotros mismos en circunstancias parecidas? Jesús sabía lo que eran las aflicciones. Isaías predijo que él iba a ser "varón de dolores, experimentado en quebranto". Nuestra mayor esperanza es que la gente le conozca antes que llegue la hora de la aflicción.

> *A menudo la aflicción va*
> *acompañada de la culpa.*
> *Sea real o imaginaria,*
> *la culpa aumenta la aflicción.*

Algunas personas pueden aparentar serenidad y paz después de haber pasado por una tragedia o de haber tenido una pérdida grande, pero puede ser que se estén desangrando por dentro. El quebranto los puede llevar al resentimiento o a culpar a otros. Podemos casi imaginarnos el tono de la voz de Marta cuando, después de la muerte de su hermano Lázaro, le dijo a Jesús lo siguiente: "Señor, si hubieses estado aquí, no habría muerto mi hermano" (Juan 11:32). Ella se dio el gusto de formular lo mismos "si yo hubiese" o "si tú hubieses" que en situaciones como estas solemos pronunciar muchos de nosotros.

Jesús no trató de hacer entrar a Marta en razón, ni discutió con ella. El comprendía su frustración. Si hay algo que nos hace falta más que ninguna otra cosa en tiempos de aflicción, es un amigo que se mantenga al lado nuestro y que nunca nos abandone. Ese amigo es Jesucristo.

El enojo puede abundar en las personas que se encuentran quebrantadas. El enojo, si no se controla, debilita a la persona. Los no creyentes a menudo ventilan su enojo como los animales, con gruñidos y actos crueles y destructivos. Y antes de poner caras piadosas tenemos que admitir que los cristianos también están en peligro de manifestar estas mismas actitudes. El creyente puede ser tan impetuoso como sus vecinos no creyentes.

El rey David exclamó: "¿Por qué te abates, oh alma mía, y te turbas dentro de mí?" (Salmo 42:5). David estaba aturdido. Su misma alma estaba en agitación. ¿Se ha sentido usted así alguna vez? ¿Alguna vez ha estado tan abatido que no ha podido ver la forma de salirse de su estado? La aflicción puede aniquilar a una persona, tanto emocional como físicamente. Nuestra propia debilidad nos puede vencer si no la combatimos con la fortaleza y el poder de Dios.

Otra cara que muestra la aflicción es el pánico. "Mi imaginación concibe toda clase de cosas terribles. Creo que estoy perdiendo la razón". La persona afectada por la aflicción parece perder la capacidad de concentración; y esto aumenta el pánico. Y el pánico puede conducir a la parálisis emocional.

La culpa, el enojo, el resentimiento y el pánico, son sólo algunas de las caras con que se manifiesta la aflicción. Ninguna de las formas de reaccionar mencionadas anteriormente están fuera de lo normal. Como soldados que se disponen a entrar en batalla, nosotros debemos estar preparados para enfrentar a las aflicciones.

Un recorte de periódico sobre la guerra en el golfo Pérsico explicaba cómo un veterano oficial preparaba a sus tropas, en caso de que se vieran enfrascados en una guerra terrestre sangrienta. Hasta ese momento ninguno de los soldados había estado en un combate verdadero, salvo el comandante del batallón. El les dijo: "Quiero hablarles acerca del temor. Ustedes van a tener miedo. Si no les da miedo es porque algo no anda bien en ustedes ... van a saber cuándo llega el miedo ... tendrán como un sabor a metal en la boca, como si tuvieran media docena de clavos dentro de la ella. Esto les va a suceder, compréndanlo. Arréglenselas con el temor. Hablen con sus compañeros sobre este asunto. Entiendan entre ustedes que todos tienen temor ... lo único que pueden hacer es tener fe en los compañeros que están a su alrededor. Yo tengo fe en ustedes. Sé que harán el mejor esfuerzo. Tengan fe en que yo haré mi mejor esfuerzo".[4]

> *Si hay algo que nos hace falta más*
> *que ninguna otra cosa en tiempos de aflicción,*
> *es un amigo que se mantenga al lado nuestro y*
> *que nunca nos abandone.*
> *Ese amigo es Jesucristo.*

El oficial estaba preparando a sus hombres para combatir, de la misma forma en que nuestro Señor nos prepara para los combates de la vida. No me explico cómo una persona puede sobreponerse a la aflicción sin la ayuda del Señor. El dice que debemos tener fe en él. El nos dijo que siempre estaría con nosotros y que nunca nos desampararía ni nos dejaría (Hebreos 13:5).

A menudo es necesario "el cuchillo en el corazón" para que nos acerquemos a El. Nuestra fe, y aun nuestra propia vida, dependen de Dios; y cuando entramos en el valle de la aflicción necesitamos su ayuda, por que si no, nunca más escalaremos otra montaña.

Corazones heridos

Solíamos entonar una canción que decía más o menos así: "Palos y piedras me quiebran los huesos, pero las palabras jamás me herirán". Por supuesto, esto no es cierto. Es probable que entre los dolores más intensos estén los causados por las heridas que otros nos hacen: palabras o acciones que nos hacen pedazos la vida.

Henry había sido empleado de la misma compañía por más de treinta años. Había sido un miembro valioso de la misma, leal hasta la médula y persona con quien se podía contar. Ya se acercaba el día de su jubilación y la pensión que iba a recibir constituiría el grueso de sus ingresos. Pero lo dejaron cesante porque hubo un cambio en la administración de la empresa. El se fue a la casa destruido, con mucha conmoción y sin saber qué hacer.

Se nos ha otorgado la capacidad para ilusionarnos y soñar, para trazarnos metas y hacer planes para que nuestra vida llegue a ser lo que hemos deseado. Pero ¿qué hacemos cuando viene otra persona y hace pedazos nuestros sueños?

Nuestros hijos nos pueden herir y revolver el cuchillo en nuestro corazón, hasta el punto en que llegamos a creer que nunca podremos sanarnos. David Jeremiah escribió sobre la dolorosa experiencia que pasó cuando sorprendieron a su hija probando la cocaína, en la misma escuela cristiana que él presidía. El escribió lo siguiente: "Las emociones que me abatieron ... no se parecían en nada a las que había experimentado en otras ocasiones ... nada en toda mi vida me había preparado para el choque inicial ni para el dolor que experimenté durante los meses siguientes".[5]

Cuando, como padres, pensamos que hemos hecho nuestro mejor esfuerzo y luego las cosas salen mal, las heridas resultantes pueden llegar a hacernos sentir culpables. "¿Dónde fallamos?", nos preguntamos. He conocido a hombres y mujeres de Dios que han sufrido lo indecible por heridas que sus propios hijos les han causado. La sanidad de estas heridas sólo vendrá si amamos a nuestros hijos incondicionalmente, nos deshacemos de los sentimientos de culpabilidad y damos inicio al proceso de recuperación.

La gente causa heridas y casi nunca culpamos a Dios cuando tenemos problemas con la gente. Un amigo divulga un secreto o nos calumnia. No se cumple una promesa o nos hablan con enojo. Seamos francos, muchísimos de nuestros problemas nos los causan personas que se aprovechan de nosotros, nos usan, o con quienes es difícil llevarse bien.

¿Comprende Jesús nuestras heridas? Jesús no fue comprendido; lo escarnecieron lo ignoraron y, finalmente, lo traicionaron. Nadie conoce los problemas que hemos tenido mejor que Jesucristo. El dijo: "De cierto os digo que en cuanto lo hicisteis a uno de estos mis hermanos más pequeños, a mí lo hicisteis" (Mateo 25:40). Estoy convencido de que esto se refiere a las personas difíciles con quienes tratamos, así como a los hambrientos, los sedientos, los extraños, los desnudos y enfermos y los presos. Quizás "uno de estos mis hermanos más pequeños" ha sido un aguijón en la carne para usted, y es la persona que necesita su amor incondicional.

La persecución tiene muchas caras

La cara de la persecusión puede ser insultante. Los insultos pueden llegar como resultado del estilo de vida del cristiano. Este estilo de vida debe ser diferente al del mundo secular. Pedro dijo: "Si sois vituperados [insultados] por el nombre de Cristo, sois bienaventurados, porque el glorioso Espíritu de Dios reposa sobre vosotros" (1 Pedro 4:14).

Si la Biblia dice: "No lo harás", entonces no puede existir duda. Pero si la Biblia no es explícita, entonces debemos pesar los pros y los contras y pedirle a Dios que nos de sabiduría para hacer lo que le agrada a él en esas circunstancias.

> *Seamos francos, muchísimos de nuestros*
> *problemas nos los causan personas*
> *que se aprovechan de nosotros,nos usan,*
> *o con quienes es difícil llevarse bien.*

En la actualidad hay cristianos que padecen persecución por sus creencias. Y aun en los Estados Unidos son perseguidos por las posiciones que adoptan en asuntos morales. Si tu corazón está herido por los insultos, debes saber que Cristo dice que eres bienaventurado. El dijo: "Bienaventurados sois cuando por mi causa os vituperen y os persigan, y digan toda clase de mal contra vosotros, mintiendo" (Mateo 5:11).

Del insulto al perjuicio hay un trecho corto. Y una de las peores heridas que podemos recibir o hacer, la propinamos con nuestras palabras. Palabras sarcásticas, de crítica; palabras severas, palabras falsas. Los males que causa la lengua pueden contaminar tanto a cristianos como a no creyentes. Si un cristiano comete un error, él es más vulnerable que el no creyente. Hay iglesias que se han dividido por causa del chisme. Hay familias que se han fracturado por causa de la calumnia. Hay ministerios que han sido destruidos por las indiscresiones de unos pocos.

Puede suceder que a un cristiano lo calumnien por causa de sus firmes creencias. A un cristiano, estudiante de secundaria o universitario, lo maltratan verbalmente porque se niega a participar con sus amigos en una fiesta en la que predominan la borrachera y la gratificación sexual. Un cristiano, hombre de negocios, pierde una cuenta porque se niega a recibir de ellos una comisión confidencial. El cristiano vendedor actuó con honestidad al hacer el informe de gastos personales para la compañía, por lo que sus colegas se rieron de él. De mil maneras distintas nos va a costar ser un verdadero discípulo de Cristo. Pedro lo expresó muy bien, al decir: "A estos les parece cosa extraña que vosotros no corráis con ellos en el mismo desenfreno de disolución, y os ultrajan" (1 Pedro 4:4). Si vivimos en conformidad con lo que creemos, podemos ser acusados falsamente. No nos beneficia en nada, sin embargo, que nos acusen con razón, porque nuestra conducta como creyentes no sea lo que debe ser. A Jesús lo acusaron injustamente en el juicio que le celebraron. A los apóstoles Pedro y Juan los acusaron injustamente cuando fueron llevados ante el concilio. A Esteban lo acusaron injustamente y por esto perdió la vida. Si a los apóstoles y a otros líderes de la iglesia primitiva los acusaron falsamente por su fe, ¿cómo pensamos nosotros escapar de las acusaciones injustas y del dolor que tales ataques pueden traernos?

¿Ha sido usted víctima del rechazo alguna vez? Es probable que la forma de persecución que más duele sea el rechazo. Todos queremos que nos acepten y que nos amen. Sin embargo, conozco a muy pocas personas que no hayan sido rechazadas de una forma u otra. Y el más difícil e aceptar es el rechazo que proviene de un miembro de nuestra propia familia, de un amigo íntimo, o peor aun, de nuestro cónyuge.

Durante la guerra del golfo Pérsico muchos jóvenes soldados de ambos sexos aceptaron a Cristo. Los capellanes nos han contado de cantidades nunca vistas de soldados que asistían a los cultos, y entregaban sus vidas al Señor y se bautizaban. Cuando estos nuevos cristianos regresen a sus hogares, cabe la posibilidad de que sus seres queridos los acusen de haber traído una "religión de trinchera".

Me encontraba viajando en un avión por el Lejano Oriente cuando uno de los mozos me preguntó si podía hablar conmigo. Su cara estaba sonriente cuando me dijo: "Hace dos años que soy cristiano. Mi ascendencia no es cristiana. Mi familia era miembro de una secta religiosa que se oponía fuertemente al cristianismo. Sin embargo, hacía años que yo andaba en busca de algo. No sabía qué cosa. Un día oí una grabación de un predicador que hablaba acerca de Jesucristo. Me di cuenta de que eso era lo que había buscado toda mi vida. Acepté a Cristo, fui a mi casa y les hablé de mi nueva fe a mis padres y a mis hermanos y hermanas. Me echaron de la casa. Pero yo seguí dándoles testimonio, y hoy me complace decir que todos son cristianos".

Hace poco conocí a un hombre que tenía un rostro saludable, pero un aspecto trágico. Supe que hacía sólo un año un grupo de extremistas religiosos había asesinado a su hijo, frente a su propia casa. Sus ojos se aguaron; mientras las lágrimas rodaban por sus mejillas, le sugerí que orásemos. Yo, que había sufrido muy poco, y nada parecido a lo que él había pasado, me sentía indigno de orar por él. Más adelante me enteré de que este hombre no podía regresar a su tierra, porque los mismos extremistas religiosos lo habían amenazado de muerte. Por el miedo, su esposa lo ha rechazado a él y al cristianismo. El no tenía empleo, ni dinero, ni hogar. A esto es a lo que llamamos persecución.

Jesús les dijo a sus discípulos que el "mundo" -el sistema imperante, el orden social y político ajeno a Dios- aborrecería a los cristianos. "Si el mundo os aborrece sabed que a mí me ha aborrecido antes que a vosotros. Si fuerais del mundo, el mundo amaría lo suyo" (Juan 15:18-19).

¿Puede usted identificarse con Pablo?

Cuando estamos padeciendo los embates de lo que podríamos denominar los sutiles sufrimientos de la vida, poco nos consuela el saber que otras personas están pasando por pruebas similares a las nuestras. El apóstol Pablo pertenecía a las grandes ligas en lo que a toda clase de sufrimientos se refiere. La lista es impresionante:

> "Porque según pienso, Dios nos ha exhibido a nosotros los apóstoles como postreros, como a sentenciados a muerte; pues hemos llegado a ser espectáculo al mundo, a los ángeles y a los hombres. Nosotros somos insensatos por amor de Cristo, mas vosotros prudentes en Cristo; nosotros débiles, mas vosotros fuertes; vosotros honorables, mas nosotros despreciados. Hasta esta hora padecemos hambre, tenemos sed, estamos desnudos, somos abofeteados, y no tenemos morada fija. Nos fatigamos trabajando con nuestras priopias manos; nos maldicen, y bende-

cimos; padecemos persecución, y la soportamos. Nos difaman, y rogamos; hemos venido a ser hasta ahora como la escoria del mundo, el desecho de todos".

2 Corintios 11:28

Pablo tenía sufrimientos físicos devastadores, pero él describió presiones aun mayores al pensar de sus responsabidlidades como misionero cristiano: "Lo que sobre mí se agolpa cada día, la preocupación por todas las iglesias" (2 Corintios 11:28).

Si algunos de ustedes son líderes en sus iglesias o en alguna organización cristiana, sabrán qué clase de preocupaciones nos describe Pablo. En el plano puramente humano, esta clase de pruebas puede conducir a la soledad, la depresión, y a menudo al desaliento. Sólo la gracia y la paz ilimitadas de Dios pueden ayudarnos a atravesar por los momentos de prueba.

En mi propia vida las presiones, ya sean mentales, físicas, o espirituales, a veces han sido tan grandes que he tenido deseos de que me trague la tierra. Dios me ha llamado para que cumpla con mis responsabilidades, y yo debo ser fiel. Siempre me preocupa que la prensa publique mis declaraciones o comentarios, porque yo me puedo equivocar o ellos interpretar mal mis palabras, y como resultado traer vergüenza al nombre de Cristo. La gente suele poner en un pedestal a los cristianos que son populares. Pero cuando tienen algún problema, enseguida los culpan; y a menudo hasta se burlan de ellos.

Sólo la gracia y la paz ilimitadas de Dios
pueden ayudarnos a atravesar
por los momentos de prueba.

A veces nosotros cometemos errores. Sin quererlo ofendemos a los demás. Tengamos presente que no le estamos ofreciendo los cristianos a la gente, sino que les brindamos a Jesucristo. A veces me pregunto qué habría sucedido si la televisión hubiera existido durante los días en que Cristo ministró aquí en la tierra. ¿Qué habrían hecho, por ejemplo, cuando Jesús echó del templo a los cambistas, o cuando denunció a los saduceos y a los fariseos; o cuando resucitó a Lázaro, o cuando alimentó a los cinco mil?

La actitud de Pablo no fue de autocompasión, sino de triunfo. Nosotros también podemos tener la misma actitud. Pablo dijo: "Estamos atribulados en todo, mas no angustiados; en apuros, mas no desesperados; perseguidos, mas no desamparados; derribados, pero no destruidos" (2 Corintios 4:8-9). Dios nunca ha enviado ninguna dificultad a la vida de sus hijos que no venga acompañada de la ayuda necesaria para esta vida y de recompensa para la venidera.

A David Jacobsen lo tuvieron de rehén en Beirut durante un año y cinco meses. El era el director del hospital más grande de Beirut occidental. Un día en 1985 tres hombres, encapuchados y empuñando ametralladoras, lo secuestraron. Atado y amordazado, lo trasladaron de un escondite a otro. La mayor parte del tiempo lo pasaba sobre un piso de tierra frío, encadenado a la pared. Una vez al día le servían una masa aguada y tibia de arroz con lentejas.

Los capturadores de Jacobsen lo odiaban por ser estadounidense. El era sólo un peón de la política a quien trataban cruelmente. Pero en vez de experimentar quebrantamiento de espíritu, se fortaleció. El escribió: "Descubrí que la fe de ninguno de nosotros se debilitó por el infierno en que nos encontrábamos.... Nosotros los rehenes, con la ayuda del Padre Jenko, sacerdote católico cautivo con nosotros, y del Reverendo Benjamín Weir, establecimos la Iglesia de las Puertas Cerradas, nombre que escogimos con cierto pesar. Tomados de las manos solíamos recitar versículos bíblicos y orar. Era cosa extraña, pero nuestros guardas parecían respetar este ritual. Nuestra unidad en la oración me mostró que cuando se invoca al Santo Consolador él responde".

A Jacobsen lo pusieron en libertad en noviembre de 1986; pero durante los últimos cuarenta y cinco días que pasó en cautividad, lo confinaron solo en una celda que medía un metro ochenta de largo, por un metro ochenta de ancho, por un metro ochenta de alto. Por la estrechez y la humedad de este lugar, se le entumecían los músculos y las coyunturas. Pero aun así él dijo: "La presencia de Dios, el Gran Consolador, se sentía más fuerte que nunca, especialmente cuando recitaba los Salmos 27 y 102".[6]

La aflicción que causa el fracaso personal

Después de leer acerca de los triunfos de otras personas, o de oír las historias de los logros de los demás, podemos llegar a deprimirnos más que nunca. Aun el escuchar acerca de matrimonios exitosos puede ser una experiencia amarga, si nuestro matrimonio marcha con dificultad o se está desintegrando. Estas historias de éxito pueden dar resultado como material de promoción en un seminario de ventas, pero en la realidad de la vida no siempre tenemos éxito. Mucha gente ha aprendido a esconder sus fracasos y derrotas, pues no quieren "molestar a nadie con sus problemas".

La señora Cowman, en "Manantiales en el Desierto", dice: "Muchos de nosotros, si pudiéramos, trataríamos de curar nuestras aflicciones sin derramar una sola lágrima. Pero lo difícil es que la mayoría de nosotros ha sido llamada a poner en práctica la paciencia, no en la cama, sino en la calle. Hemos sido llamados a sepultar nuestras penas, no en letárgica quietud, sino en el servicio activo: en el intercambio, en el taller, en la hora del intercambio social, en nuestro aporte para el gozo de otra persona".[7]

Jay Kesler cuenta la historia de un hombre cuyo hijo había sido arrestado por robo a mano armada. La noticia se publicó en los periódicos y en la televisión. Los padres del joven estaban tan avergonzados que se pasaron varios días sin salir de la casa. Repetidas veces le preguntaron a Dios cómo era posible que algo así ocurriera en su familia. Ellos no estaban seguros de si podrían darle la cara a la gente otra vez, en particular a los miembros de su iglesia.

Los padres del joven por fin fueron a la iglesia, y la vergüenza y el miedo que tenían los obligó a mantenerse muy unidos. Pero sucedió algo maravilloso. La gente venía a ellos constantemente en busca de ayuda espiritual. El padre le dijo a Kesler: "Me parece que cuando la gente se hace pasar por creyentes superespirituales, aparentando no tener problemas, los demás miembros de la iglesia tienen temor de ser francos con ellos, por miedo de proyectar una imagen de fracaso. Nos ha parecido extraño que cuando nos esforzábamos al máximo, al menos exteriormente, y parecíamos tener éxito en la vida cristiana, no teníamos influencia en la vida de nadie. Y ahora que hemos tenido tantos problemas con nuestro propio hijo, todos nos piden ayuda: todos desean saber cómo está obrando el Señor para solucionar nuestro problema".[8]

Cuántas veces oímos decir: "Fulano es un cristiano fuerte". Quizás esa persona es muy débil en su interior, atestada de inseguridad, herida por los demás. Y por el hecho de que no sabemos en qué estado espiritual se encuentra cada creyente, debemos alentar a cada uno que cruza por nuestro camino. El Señor le dijo a Pablo: "Bástate mi gracia; porque mi poder se perfecciona en la debilidad.... Por lo cual", escribió Pablo, "por amor a Cristo me gozo en las debilidades, en afrentas, en necesidades, en persecuciones, en angustias; porque cuando soy débil, entonces soy fuerte" (2 Corintios 12:9-10).

Podemos ser perseverantes, aun cuando tengamos un cuchillo clavado en el corazón, cuando permitimos que el Señor nos dirija, cuando le permitimos aun que nos lleve en sus brazos cuando estamos heridos y que nos conduzca hasta el momento y el sitio en que seremos sanados. La joven viuda del soldado que mencionamos al iniciar este capítulo, dijo que el tiempo la había ayudado a mirar su situación desde una perspectiva más fuerte. "Uno lo puede ver como lo peor que le ha sucedido, o uno puede buscar algo bueno en lo que ha ocurrido", afirmó ella. Alguien ha dicho: "Uno pasa por algo así, pero nunca se recupera". Sin embargo, el tiempo suaviza los recuerdos y la presencia de Cristo nos ayuda no sólo a sobrevivir, sino a ayudar también a otros. Sí, el tiempo está a favor del corazón quebrantado.

Un paso gigantesco en el camino de la recuperación, es el ayudar a los demás. Bárbara Johnson tiene en la actualidad un ministerio que es fruto de su propio quebrantamiento de corazón. Por haber ayudado a otros, ella pudo ver también a su propio hijo terminar con su vida de homosexual y dedicar nuevamente su vida a Cristo. La hija de David Jeremiah recibió genuino amor mientras atravesaba por sus problemas, y como resultado se convirtió en poderoso testigo de los poderes sanadores de Dios.

> *El tiempo suaviza los recuerdos y la presencia de Cristo nos ayuda no sólo a sobrevivir, sino a ayudar también a otros.*

Cuando somos débiles y nos sentimos impotentes, Dios está cerca de nosotros para darnos fortaleza. Cuando carecemos de sabiduría, él nos la da. La recuperación no es instantánea, es un proceso. Cuando admitimos que no podemos sanarnos a nosotros mismos y nos ponemos de rodillas para pedirle a Dios que tome las riendas de nuestra vida, nos hemos puesto en el camino de la recuperación espiritual. ¿Por qué esperar?

A Ruth le encantan las poesías de Amy Carmichael. He aquí una que ella me dio:

¿No lo aclarará el final?
El coartado esfuerzo, el firme propósito frustrado,
La extraña perplejidad del buen trabajo arruinado,
La tensión interna y la fatiga que no nos ha dejado,
¿No lo aclarará el final?

Mientras tanto, él da consuelo
A los que están perdiendo la paciencia. El obra así.
Mas no pueden escribir lo que oyen de él
Para que otros lo lean; sólo saben que él dijo
Palabras dulces, y que da consuelo.

No es que él aclare
El confuso misterio; pero presiente
El corazón callado, que allá en lontananza
Hay un campo que abunda en granos dorados
Que ha crecido regado por repetidas lluvias;
El final lo aclarará.

10

El cuarto varón
dentro del fuego

> *Cuando pases por las aguas, yo estaré contigo; y si por los ríos, no te anegarán. Cuando pases por el fuego, no te quemarás, ni la llama arderá en ti.*
>
> Isaías 43:2

EN LA TIERRA QUE HOY CONOCEMOS CON EL nombre de Irak, hubo un gobernante arrogante y despótico que quería que lo adorasen como a un dios. El hizo erigir una imagen de oro de su persona, en la capital de Babilonia. Llamó a su guardia y le ordenó a la banda militar que tocara en la gran ceremonia, en la que todos debían, por mandato suyo, adorar su imagen. La orden iba acompañada de una siniestra amenaza. El rey Nabucodonosor había decretado que cualquiera que no se postrara ante la estatua fuera echado inmediatamente dentro de un horno de fuego ardiendo.

Pero hubo tres cautivos judíos que se negaron a obedecer la orden. Ellos adoraban a su Dios, no al hombre. Y dijeron lo siguiente: "He aquí nuestro Dios a quien servimos puede librarnos del horno de fuego ardiendo.... Y si no, sepas, oh rey, que no serviremos a tus dioses, ni tampoco adoraremos la estatua que has levantado" (Daniel 3:17-18).

El rey se llenó de ira. Su orden fue cumplida por su guarida escogida, y así los tres hebreos fueron echados dentro del horno de fuego ardiendo. Pero ocurrió algo sorprendente. La intensa llama mató a los hombres que habían echado en el horno a los tres judíos, pero a estos últimos ni el cabello de sus cabezas se les había quemado. La multitud quedó sin aliento y el rey estaba espantado, porque en medio del fuego se veían, no tres, sino "cuatro varones sueltos, que se paseaban en medio del fuego sin sufrir ningún daño". El cuarto varón dentro del fuego era Dios.

Dios ha prometido que si le invocamos, él estará con nosotros cuando atravesemos por dificultades. El caminará con nosotros a través de las pruebas. El nos promete ser el otro varón que estará con nosotros en tiempos difíciles, lo cual no significa que siempre nos va a librar del "fuego de la prueba".

Pensemos en los mártires cristianos que fueron quemados en la hoguera; o en la persona que ha perdido a un ser querido en un incendio, o en un accidente de aviación, en el que el avión fue consumido por las llamas. El Señor pudo haber reclamado la promesa que dice: "Pues a sus ángeles mandará de ti, que te guarden en todos tus caminos". Pero para bien nuestro él estuvo dispuesto a padecer, en vez de reclamar la promesa. El dijo: "Hágase tu voluntad". Por el bien de otros y para la gloria de Dios, nosotros también debemos estar dispuestos a dejar de reclamar la promesa.

Un Libro de promesas

La Biblia es un libro de promesas. Y a diferencia de los libros escritos por los hombres, no cambia ni pasa de moda. El mensaje que por muchos años he proclamado es fundamentalmente el mismo. Y Dios no miente.

La Biblia dice claramente que ningún problema nuestro es demasiado pequeño o demasiado grande para que a él no le interese. A él le importa todo lo que afecta a sus hijos.

Si no tenemos conocimiento de las promesas que Dios nos ha hecho, entonces no podremos apropiarnos de las mismas. Los tres hebreos, Sadrac, Mesac y Abed-nego, habían estudiado las Escrituras del Antiguo Testamento. Claro está que no sabemos qué promesas reclamaron cuando desafiaron la orden de Nabucodonosor, pero puede haber sido de los Salmos. Es posible que se hayan acordado de la siguiente:

"Jehová es mi luz y mi salvación; ¿de quién temeré?" (Salmo 27:1). Las palabras que dirigieron al rey fueron: "Nuestro Dios ... puede librarnos.... Y si no ... tampoco adoraremos la estatua". De seguro que ellos conocían algunas promesas de Dios, por eso tuvieron fuerzas y pusieron de manifiesto su fe.

No es posible abarcar todas las promesas de la Biblia en el presente capítulo. Haría falta un libro para hacerlo, puesto que las cifras tocantes al número de promesas bíblicas fluctúa entre ocho mil y treinta mil. Sólo nos hace falta conocer, reclamar y memorizar unas pocas, para cuando las necesitemos. En lo que al asunto del sufrimiento se refiere, hay varias promesas que Dios nos ha dado, tanto en el Antiguo Testamento como en el Nuevo.

Cuando pienso en algunas de las promesas, hay ciertas personas que vienen a mi mente. Puede ser que usted tenga algunas promesas especiales que el Señor le ha dado. Reténgalas, aférrese a ellas, pues no sabe cuándo le van a hacer falta.

Dios promete ampararnos

"Dios es nuestro amparo y fortaleza, nuestro pronto auxilio en las tribulaciones" (Salmo 46:1). ¡Qué promesa tan grandiosa y a la vez tan sencilla! Esto no quiere decir que, llenos de pánico, nos arrinconemos detrás de una pared protectora. Aquí tenemos un cuadro de un persona que participa activamente de la vida, que sabe que Dios siempre está cercano. Dios se va con su pueblo a las escenas mismas del sufrimiento y se sube con ellos a la tarima del dolor, con el fin de sustentarlos en medio de las pruebas.

Amparar significa "guarecer o proteger de algo, refugiar". Y esto siempre me hace recordar a una amiga de muchos años, a quien conocimos en Suiza. En una ocasión los nazis la habían encerrado en una celda de reclusión solitaria, por espacio de cuatro meses. Era una celda oscura, con el piso cubierto de agua sucia. Cuando escuchaba los gritos desgarradores de otros prisioneros, ella sabía que se hallaba de continuo en peligro de ser torturada también.

Ella contó lo siguiente: "En cierta ocasión yo estaba de pie, con la espalda contra la pared y mis manos extendidas como para hacer el intento de separar las paredes que se me venían encima. Me estaba muriendo de miedo. Entonces clamé: "Señor no tengo las fuerzas para soportar esto. Me falta la fe".

Algunos de nosotros observamos a aquellos que han sufrido y decimos: "Cuánto me gustaría tener su fe". Corrie admitió que su fe era débil pero Dios le habló de manera extraordinaria. Ella vio una hormiga en el piso. Al instante de haber tocado el agua, la hormiga se fue a meter en su pequeña cueva en la pared.

"Entonces fue como si el Señor me hubiera dicho: '¿Qué hay de esa hormiga? Ella no se detuvo a mirar el piso mojado o sus débiles patitas; ella se metió sin demoras en su refugio. Corrie, no te fijes en tu fe, porque es débil. Yo soy tu refugio; tú puedes correr hacia mí, tal como la hormiga se metió en el hoyo en la pared'".

De lo más hondo de su desesperación, Corrie extrajo un versículo. Ella nos sigue contando su historia, pero ahora se dirige a todos nosotros: "Yo sé que hay momentos en que uno pierde el valor. Se siente como un preso, que no existe a los ojos de los que lo rodean ni a los ojos de Dios, ni aun en sus propios ojos. Entonces uno puede leer en la Biblia una promesa de Jesús: 'Venid a mí todos los que estáis trabajados y cargados, y yo os haré descansar' (Mateo 11:28).[1]

Dios es nuestro reposo, nuestro amparo, nuestro refugio. En el Salmo 91:15, Dios promete lo siguiente: "Me invocará, y yo le responderé; con él estaré yo en la angustia". Las Escrituras dicen, además: "Esperad en él en todo tiempo, oh pueblos; derramad delante de él vuestro corazón; Dios es nuestro refugio" (Salmo 62:8).

A veces permitimos que la amargura sustituya la confianza, por lo que se nos hace imposible hallar a Dios en medio del dolor. No podemos derramar delante de él nuestro corazón, porque éste se ha endurecido demasiado.

Un joven inmigrante irlandés, llamado Joseph Scriven (1820-86), se había enamorado profundamente de cierta chica; ya habían hecho planes para la boda. Pero poco tiempo antes que se celebrara la boda, la chica murió ahogada. Scriven pasó meses de amargura y completa desesperación.

Finalmente buscó a Cristo y, por su gracia, Scriven halló consuelo y paz. De esta trágica experiencia vino la inspiración para escribir un himno muy conocido, que ha dado consuelo a millones de corazones dolientes: "¡Oh, qué amigo no es Cristo! El llevó nuestro dolor".

A veces nuestra vida resplandece, como resplandecía la de Scriven a medida que el día de su boda se aproximaba. Pero, al igual que él, puede ser que descubramos que nuestra senda nos conduce por sitios de oscuras sombras. Pérdidas en el negocio; una pensión que no alcanza para pagar las cuentas; pérdida del empleo; la inflacción; una enfermedad que nos debilita; penas que roban la luz de nuestro hogar; hijos que se rebelan. Todo esto se puede convertir en bendiciones para aquellos que encuentran un refugio en el amor de Dios.

El es nuestro escudo y nuestro refugio

Poco antes de morir, Moisés pronunció sus bendiciones sobre las tribus de Israel. A la tribu de Benjamín le dijo: "El amado de Jehová habitará confiado cerca de él; lo cubrirá siempre, y en sus hombros morará" (Deuteronomio 33:12). Cuando los niños juegan a la guerra a veces emplean de escudos las tapas de los latones de basura. Cualquier cosa que les lancen rebotará en la tapa, mientras la empleen para protegerse. Habrá momentos en la vida en que usted sabrá que el Señor le ha dado protección divina.

Dios es nuestro refugio. El nos protege de la misma forma en que el águila extiende sus magníficas alas sobre el nido donde se encuentran sus polluelos. El águila no sólo es protectora, también es fuerte y valerosa. No es casualidad que el sello oficial de los Estados Unidos de América tenga grabado un águila calva con las alas extendidas.

¡Qué magnífica ilustración es ésta de la forma en que Dios cuida de sus hijos! En el Salmo 91:4 dice así: "Con sus plumas te cubrirá y debajo de sus alas estarás seguro; escudo v adarga es su verdad".

Dios es nuestra fortaleza

Dale y Roy Rogers han sido mis amigos durante muchos años. Ellos han tenido muchas tragedias en sus vidas. Sus tres hijos murieron y han tenido reveses que harían tambalear a la mayoría de la gente. En su libro titulado *Trials, Tears and Triumphs* (Pruebas, lágrimas y triunfos), Dale cuenta una anécdota personal, acerca de las dificultades que presenta el tener que dirigirle la palabra a dos grupos numerosos en el mismo día. Cuando hubo terminado de dirigirle la palabra al primer auditorio, se hallaba tan agotada emocional y físicamente, que estaba segura de que no le iba a ser posible hacer lo mismo con el segundo grupo. (¡Yo puedo identificarme con ella!).

Antes de su segunda comparecencia Dale sufrió un acceso de cansancio. Ella no creía que era capaz de continuar; entonces oró así: "Señor encárgate tú, yo no puedo más". Esta no será una oración muy profunda, pero estoy seguro de que muchos de ustedes se han sentido de la misma manera. Yo me he sentido así.

Ella dijo lo siguiente: "Al entrar en el estudio del pastor, tres jóvenes me tomaron de las manos y dijeron: 'Oremos'. Oramos y la fuerza entró en mí como la corriente de un río poderoso. Me sostuvo durante todo el servicio. Cuán ciertas son las palabras de Isaías, cuando dijo: 'Pero los que esperan en Jehová tendrá nuevas fuerzas; levantarán alas como las águilas; correrán y no se cansarán; caminarán, y no se fatigarán'" (Isaías 40:31).[2] Le he oído decir a Dale que ella piensa gastarse en el servicio del Señor, no oxidarse.

¡Cuánto necesitamos fortaleza! Moisés, en Deuteronomio 33:25, le dijo lo siguiente a los hijos de Israel: "Como tus días serán tus fuerzas". Aquí tenemos una promesa de fortaleza en todos los aspectos de la vida. El es la fuente que nos da la energía para seguir adelante, no sólo en tiempos difíciles pero también en el quehacer diario. El le da sentido y gozo a nuestra vida y nos suministra la fortaleza para seguir adelante, o para estar tranquilos y en paz. Sin él la rutina diaria se tornaría cansona y tediosa; trabajo fastidioso en vez de gozosa labor. El es el que me da fuerzas para ascender. El salmista dice: "Con mi Dios puedo saltar un muro (Salmo 18:29, versión inglesa). Yo no puedo saltar un muro, a no ser que tenga la altura del borde de la acera; pero cuando haya obstáculos que nos parezcan montañas, él nos dará la fuerza para superarlos.

Si tenemos unos pocos amigos que nos apoyen, sin mostrar una actitud de crítica, recibiremos fuerzas en los momentos en que estemos decaídos. Un grupo de apoyo es una valiosa posesión, para sacarnos adelante cuando nos encontramos bajo el peso de los problemas. ¿Y qué ocurre si no tenemos amigos así? ¿Qué si nos hemos mudado, o simplemente no tenemos a nadie con quien hablar francamente y sin reservas? Debemos recordar que el Espíritu Santo está orando (Romanos 8:26-27, 34).

Lucinda estaba atravesando por momentos muy difíciles. En su niñez había sido víctima del abuso sexual. Muchos años después, el recuerdo de aquel horrible momento vino de nuevo a su memoria. Acudió a un consejero, quien la ayudó a superar la depresión crónica y las pesadillas. Pero el esposo de Lucinda cambió de empleo y tuvieron que trasladarse a otro país. Ahora se hallaba a miles de kilómetros de su consejero y se le hacía difícil funcionar normalmente sin su ayuda y sin tener su grupo de apoyo.

> *Un grupo de apoyo es una valiosa posesión,*
> *para sacarnos adelante*
> *cuando nos encontramos*
> *bajo el peso de los problemas.*

Ella llamó a una de sus amigas cristianas y le dijo: "Necesito que me ayudes buscándome un versículo sencillo. ¿Me podrías buscar uno que no sea difícil de recordar?" Su amiga profirió una breve oración y buscó en los Salmos. Entonces dijo: "Aquí hay uno... se trata del Salmo 56:4": 'En Dios he confiado; no temeré; ¿Qué puede hacerme el hombre?'" Más adelante, cuando Lucinda regresó a los Estados Unidos, volvió a la consulta de su consejero. Cada vez que volvían los recuerdos del abuso sexual, ella repetía ese versículo. Dondequiera que estemos, por medio de la oración nos podemos acercar a Dios. El es nuestro apoyo y nuestra fortaleza. El nos ayudará a salir de los valles más profundos.

Con poca frecuencia reconocemos que a veces Jesús es nuestra fortaleza, para que simplemente estemos quietos. "Estad quietos y conoced que yo soy Dios" (Salmo 46:10). Cuando ocurre algo doloroso en nuestra vida, tenemos la natural tendencia de ponernos en acción, de hacer algo. Pero a veces lo más sabio es esperar y estar quietos. Ya llegarán las respuestas.

Cierta señora, al morir su esposo, comenzó a hacer compras impulsivamente, hasta que gastó casi todo el dinero que cobró del seguro de vida de su difunto esposo. Otra persona, al recibir malas noticias, puede reaccionar tomando decisiones tajantes y alocadas. El Señor es nuestra fortaleza cuando permitimos que él nos tranquilice. "Esperé yo a Jehová, esperó mi alma; en su palabra he esperado" (Salmo 130:5). "Aquel que se apresura con los pies, peca" (Proverbios 19:2).

El promete que nos pastoreará

El cuadro de Dios en la función de pastor lo encontramos en muchas partes del Antiguo Testamento. Qué consuelo da saber que el Dios del universo desciende a los montes y a los valles de nuestra vida para ser nuestro pastor.

En el salmo más conocido, David, quien había sido pastor de ovejas, exclamó: "Jehová es mi pastor; nada me faltará" (Salmo 23:1). Nuestro pastor nos guía; él nos conduce por los caminos rectos; está con nosotros cuando pasamos por valles tenebrosos. Por eso David pudo decir: "Mi copa está rebosando" (v. 5). Isaías nos describe cómo el Señor "como pastor apacentará su rebaño; en su brazo llevará los corderos y en su seno los llevará" (40:11).

En el Nuevo Testamento Jesús empleó la imagen del pastor para referirse a sí mismo. El nos dice: "Yo soy el buen pastor;

el buen pastor su vida da por las ovejas. Mas el asalariado, y que no es el pastor, de quien no son propias las ovejas, ve venir al lobo y deja las ovejas y huye, y el lobo arrebata las ovejas y las dispersa.... Yo soy el buen pastor; y conozco mis ovejas, y las mías me conocen" (Juan 10:11-14).

Si Cristo habita en el corazón, entonces el Buen Pastor es dueño de las ovejas; le pertenecen. El vigila a las ovejas; nunca las abandona cuando hay problemas. Conoce a las ovejas por nombre, y el amor que les tiene es tan grande que él pone su vida por ellas.

Nosotros debemos mantenernos cerca de nuestro pastor, para escuchar su voz y para seguirle, sobre todo en tiempos de peligro espiritual. Jesús nos dice que no debemos dejarnos desviar por escuchar voces de extraños. ¡Y se escuchan tantas voces extrañas en el mundo religioso de hoy! Debemos comparar lo que dicen estas voces con lo que afirma la palabra de Dios.

Cuando Jesús fue el pastor de Jenny

Por sentirse avergonzadas muchas personas han sufrido en silencio como resultado del abuso sexual y del incesto. En estos últimos años muchos más casos de estos han salido a la luz. Y el tratamiento en todos los casos no consiste de asesoramiento psicológico, como en el caso de Lucinda.

La madre de Jenny era traficante de drogas. Sus padres estaban divorciados y en su hogar no había ninguna influencia religiosa. No obstante lo dicho, a los trece años de edad una vecina del mismo edificio la llevó a un Club de Buenas Nuevas. Jenny poco a poco comprendió que había alguien que era su mejor amigo; se trataba de Jesús.

La madre de Jenny se mudó para una casa enorme, situada en un reparto exclusivo de la ciudad. Jenny afirmó: "Llegó un momento en que había treinta personas viviendo en la casa. La perversidad de lo que se hacía en aquella casa no se puede describir con palabras. Pero, por algún motivo, yo me sentía separada de ellos, como si alrededor de mí hubiese habido un escudo que no permitía que toda aquella maldad me afectara".

Cuando se llevaron presa a su madre, a Jenny la llevaron al salón juvenil y luego fue a vivir con su padre y su madrastra, quienes estaban sumidos en la pobreza. "A pesar de todo esto, yo buscaba cualquier iglesia los domingos y me iba sola a los cultos. Yo amaba mucho a mi Amigo y el tiempo que pasaba con El era el de mayor felicidad para mí".

A los doce años de edad abusaron de ella sexualmente. Se trataba de un maestro de música. La obligaban a asistir a las clases de música, y en una ocasión se escondió en un basurero con tal de no asistir a las clases. Años después, después de estar sumergida en su trabajo y de pagarse la carrera universitaria, el recuerdo de aquel maestro de música regresó con ímpetu. "Estuvo sepultado en mi subconsciente por espacio de diez años; cuando regresó casi acaba con mi existencia".

Jenny tuvo que batallar con el odio y la culpa, pensando que, en alguna medida, ella era la culpable de su tragedia, no la víctima inocente. Se recluyó en su casa, cerró las cortinas y se pasó varios meses apartada de todo el mundo. A diferencia de Lucinda, ella no contaba con el dinero para pagarle a un consejero. En vez de buscar ayuda de los de afuera, se recluyó. Durante todo ese tiempo leyó la Biblia y oró. Ella dijo:

> Mi perenne amigo era Jesús. Un día supe que tenía que encarar el salón de música que me había tenido apresada en severa depresión. Tuve una impresión vívida de estar entrando en aquel salón, teniendo a Jesús a mi lado. El me rodeaba con sus brazos. Y vi el salón, y yo tenía puesto un vestido de puro satín blanco, de aspecto virginal.

> Jesús, mi amigo, mi buen Pastor, me limpió de todos mis amargos y mis manchados recuerdos. No fue hasta ese momento que estuve preparada para ser la novia del hombre a quien yo amaba.

Lo relatado sobre Lucinda y Jenny ocurrió en la vida real. Y aunque hemos cambiado los nombres, estas tragedias pueden repetirse, con detalles aun más sórdidos, en millares de vidas.

Yo no creo que la mayoría de los consejeros no cristianos -no importa cuanta capacidad tengan y lo mucho que simpaticen con sus pacientes- tengan la completa solución para estos graves problemas. Jesús es la respuesta. Y al señalarlo a él como tal, aquellos que a gritos piden ayuda, hallarán al Pastor que los sacará del valle de la desesperación.

A veces me siento a ver el programa de Ophrah Winfrey (programa de la televisión norteamericana que entrevista y trata en público todos los problemas imaginables que puedan existir sin restricción alguna). La admiro porque ella escucha a la gente. Sin embargo, en ocasiones, cuando veo los problemas de aquellos que participan en el programa, quiero gritarles a través de la pantalla: "¡Busquen a Dios!"

El promete que proveerá de manera superabundante

Dios promete "hacer todas las cosas mucho más abundantemente de lo que pedimos o entendemos, según el poder que actúa en nosotros" (Efesios 3:20). Es menester que creamos que él puede hacer más de lo que nosotros pedimos. Pablo dijo lo siguiente a los filipenses: "Mi Dios, pues, suplirá todo lo que os falta conforme a sus riquezas en gloria en Cristo Jesús" (4:19). ¡Qué tremenda promesa es esta para el cristiano! La fuente es inagotable.

> *Jesús es la respuesta.*
> *Y al señalarlo a él como tal,*
> *aquellos que a gritos piden ayuda,*
> *hallarán al Pastor que los sacará*
> *del valle de la desesperación.*

Una vez nos cavaron un pozo en nuestro hogar. A treinta metros había una capa de agua, otra capa a noventa y una tercera a ciento ochenta metros de profundidad. Les preguntamos a los que cavaron el pozo que cuánta agua calculaban que había. Afirmaron que no había manera de calcularlo, pero que la que había iba a durar para siempre.

La provisión del poder que Dios nos da jamás se agotará. Cualquiera que se mi necesidad, a él no le cuesta ningún trabajo abastecerla.

¿Cuándo necesitamos a Cristo?

Me he dado cuenta de que yo necesito a Cristo por igual, tanto en los momentos en que todo marcha bien, como en los momentos de dificultades. Cometemos el error de pensar que hace falta la ayuda de Cristo sólo en el cuarto del enfermo, o en tiempos de abrumadora angustia y de sufrimiento. No es verdad. Cuando todo marcha bien en nuestra vida, corremos el peligro de pensar que se debe a nuestra bondad, nuestro poder, o nuestra fortaleza. Cuando tenemos victorias nos podemos olvidar de que Cristo desea regocijarse con nosotros, como quiere también llorar con nosotros. El fue a las bodas de Caná y celebró la ocasión con los invitados; pero también fue a casa de María y de Marta y lloró con ellas por la muerte de Lázaro.

Alguien ha dicho que hay tantas estrellas en el cielo del medio día, como en el de la media noche; aunque no podamos verlas por el resplandor del sol.

Dios ha prometido enviar a sus ángeles

Hay momentos en mi vida en que me he sentido protegido de manera sobrenatural. Dios ha prometido que "a sus ángeles mandará acerca de ti, que te guarden en todos tus caminos" (Salmo 91:11).

Estamos rodeados a diario de peligros de los que ni siquiera nos damos cuenta. A menudo Dios interviene a nuestro favor por mediación de sus ángeles. El Salmo 34:7 nos enseña que los ángeles nos protegen y nos defienden: "El ángel de Jehová acampa alrededor de los que le temen, y los defiende".

Las evidencias bíblicas y las experiencias personales, no dejan lugar a dudas de que, en ocasiones, hay ángeles de la guarda que nos rodean con el fin de protegernos. Muchos cristianos recuerdan cuando se encontraban al borde un un choque, de un serio accidente, o acosados por una ardiente tentación, y se evitó de manera extraordinaria. Los ángeles pueden ser portadores de bendiciones inesperadas, como por ejemplo, un cheque nos llega por correo con la cantidad exacta que necesitábamos; o una cesta de alimentos a nuestra puerta, cuando la despensa está vacía.

> *Ya sea que sintamos o no*
> *la presencia del Espíritu Santo*
> *o la de uno de los santos ángeles,*
> *por fe tenemosla certeza de que Dios*
> *nunca nos dejará ni nos desamparará.*

Una vez yo atravesaba por un período difícil y oré ferviente y largamente, pero no hubo respuesta. Me parecía que a Dios no le importaba mi problema y que me las tenía que arreglar yo solo con mi situación. Aquello fue lo que algunos llamarían "una noche oscura para el alma". Le escribí a mi madre y le conté lo que ocurría. Su respuesta fue la siguiente: "Hijo, hay muchas ocasiones en que Dios se retira, con el fin de probar nuestra fe. El quiere que confíes en él aun en la oscuridad. Ahora, hijo, extiende tu mano por fe en medio de la niebla, y descubrirás que su mano está ahí, aguardando la tuya. "Aliviado ya, me arrodillé al lado de mi cama y experimenté una sensación sobrecogedora de la presencia de Dios. Ya sea que sintamos o no la presencia del Espíritu Santo o la de uno de los santos ángeles, por fe tenemos la certeza de que Dios nunca nos dejará ni nos desamparará.

El camina con nosotros en medio del fuego

Cuando echaron en el fuego a los tres hebreos, ellos no sabían que iban a salir del horno sin sufrir ningún daño. Lo único que sabían era que lo que ocurriere, sería para ellos la voluntad de Dios.

Aunque nos parezca increíble, Dios desea nuestra compañía; él quiere estar cerca de nosotros. A diferencia de los amigos terrenales, que nos pueden abandonar cuando el andar se dificulta, Dios quiere ser nuestro escudo, él desea protegernos y guiarnos en nuestro andar por esta vida.

Se cuenta la historia acerca del único sobreviviente de un naufragio, que se quedó abandonado en una isla desierta. Se las arregló para construir una choza en la que metió todo lo que había logrado rescatar del naufragio. Le pidió a Dios que lo rescataran, y día tras día observaba anheloso el horizonte, con el fin de hacer señales a cualquier embarcación que divisara.

Un día regresó a su choza y, horrorizado, la encontró envuelta en llamas con todo lo que poseía. ¡Qué desgracia! Al poco rato llegó un buque a la isla. "Vimos las señales de humo y nos apresuramos para llegar", le explicó el capitán. El sobreviviente sólo había visto su choza consumida por el fuego, pero Dios, de aquella calamidad, extrajo una bendición. El náufrago calló de rodillas para darle gracias a Dios por el fuego, como resultado del cual se había efectuado su rescate.

Cuando caminemos en medio de nuestros fuegos, Dios nos acompañará.

El será nuestro "cuarto varón dentro del fuego".

11

Cómo orar
en medio del dolor

> *Gemidos que no pueden articularse,*
> *son a menudo oraciones que no pue-*
> *den desestimarse*
>
> Carlos H. Spurgeon

La oración es un motivo de vergüenza para alguna gente. Inclinar el rostro en un restaurante para dar gracias, o arrodillarse en un lugar a la vista de otros, son muestras de la fe de una persona. Pero mucha gente considera que son exhibiciones públicas de extrema religiosidad. La dedicación del musulmán, en lo que a la oración se refiere, debe ser un desafío para nosotros.

En los momentos difíciles de la vida, la oración deja de ser un acto embarazoso, y se practica a la vista de todos. Cuando los marines regresaron al Campamento Pendleton, en California, después de haber participado en la Guerra del golfo Pérsico, se informó que, acabados de salir del avión, quince soldados formaron un círculo y oraron sin avergonzarse en lo absoluto.

La oración debe practicarse en todo momento de nuestra vida, no sólo en momentos de sufrimiento o de regocijo. En verdad la oración es un lugar, un sitio donde nos encontramos con Dios para tener con él una auténtica conversación.

¿Ha dicho usted alguna vez: "Sólo nos queda recurrir a la oración"? En vez de comenzar por la oración, a veces recurrimos a la misma cuando hemos agotado todos los demás recursos. Cuando ya no podemos más, entonces nos acordamos de Dios. No debemos sentirnos avergonzados por el hecho de que tengamos necesidades. Dios no nos exige que oremos en el castellano de la versión Reina-Valera Antigua, ni siquiera que lo hagamos con elocuencia. Cada oración del creyente, por débil e incoherente que sea, Dios la oye. Un gemido, un suspiro, una petición de ayuda, son todas oraciones, según nos dicen los Salmos.

Mi viejo amigo, Frank Laubach, gran filántropo y misionero, dijo: "La oración por excelencia es un diálogo; y para mí lo más importante es escuchar las respuestas de Dios". "La cortesía en el hablar", según Edward Gloeggler, "consiste en estar en silencio hasta poder escuchar".

Muchas personas oran sólo cuando se encuentran bajo grandes presiones o cuando están en algún peligro. He estado en un vuelo en el que al avión se le ha apagado un motor. En este caso se notaba que los pasajeron estaban orando. He conversado con soldados que me han dicho que jamás habían orado hasta el momento en que se hallaron en medio de la batalla. Tal parece que el hombre tiene el instinto de orar cuando se encuentra en algún peligro. Si hemos de depender de la oración en los tiempos difíciles, es necesario que tengamos el hábito de la oración antes que se desate la crisis.

Amy Carmichael escribió: "Debemos aprender a orar mucho más por la victoria espiritual que por ser librados de heridas en la batalla, obtener alivio de sus estragos o hallar descanso del dolor que causa.... Este triunfo consiste no en ser librados de algo, sino más bien de la victoria en medio de la prueba, y ésta que no sea intermitente, sino perpetua".[1]

Nuestro modelo en la oración

Jesús es el modelo por excelencia de la persona dedicada a la oración. Siempre estuvo en actitud de oración, y nunca oró con mayor insistencia que al hacerle frente al sufrimiento. Una de las cosas más extraordinarias de toda la Biblia es la cantidad de tiempo que Cristo dedicó a la oración. Su ministerio público sólo duró tres años, sin embargo, nunco tuvo demasiada prisa como para no pasar largas horas en oración. El oraba antes de realizar cualquier labor dificultosa y antes de cada crisis en su ministerio. El iniciaba y terminaba cada día en comunión con su Padre.

Cuando lo arrestaron en el huerto de Getsemaní, estaba orando. El había traído consigo a los discípulos, y al darse cuenta de la magnitud de lo que se aproximaba, le pidió a Pedro, a Santiago y a Juan que se quedaran con él y que velasen. El se fue al huerto y, postrado con su rostro en tierra, oró, diciendo: "Padre mío, si es posible, pase de mí esta copa; pero no sea como yo quiero, sino como tú" (Mateo 26:39).

> *No importa cuan oscura e irremediable parezca una situación, nunca dejar de orar.*

Oramos muy a la ventura. En la mañana pronunciamos a la carrera trozos de versículos memorizados. Y después nos despedimos de Dios para el resto del día, hasta que, medio dormidos, luchamos para hacer algunas peticiones finales en la noche, como si estuviéramos dando la orden de que nos despierte, al recepcionista de un hotel. Este no fue el ejemplo de oración que Cristo, qien oraba extensa y repetidamente, nos dejó. El pasó por lo menos una noche entera en oración (Lucas 6:12).

Cuando estaba en medio de una multitud sus oraciones eran cortas. Y oraba más extensamente cuando estaba con sus discípulos. Cuando estaba solo oraba toda la noche. En la actualidad hay muchos que hacen lo opuesto en el ministerio.

Las Escrituras dicen: "Orad sin cesar" (1 Tesalonicenses 5:17). Este debe ser el lema de cada verdadero seguidor de Jesús. No importa cuan oscura e irremediable parezca una situación, nunca dejar de orar. No debemos orar sólo para que se resuelvan nuestros problemas, sino también para ser partícipes de la fortaleza que da la amistad con Dios. Para nosotros la oración no debe ser sólo un acto, sino una actitud en nuestra vida.

¿Oramos que se haga la voluntad de Dios, o exigimos que se hagan las cosas como nosotros queremos? La oración debe convertirse en un aspecto esencial de nuestra vida, a fin de que cuando vengan las crisis tengamos la fortaleza y la fe para pedir que se haga la voluntad de Dios. Alguien ha dicho que la fortaleza en la oración es preferible a la extensión en la oración. Sin embargo, Martín Lutero dijo: "Tengo tantas cosas que hacer hoy, que dedicaré las tres primeras horas a la oración".

Un Amigo a quien le importamos

Hace algunos años, un estudiante en una universidad sureña perdió la vida, víctima de un accidente que se produjo cuando la fraternidad a que quería pertenecer le hacía las novatadas. Juan, el futbolista estelar de la universidad, cuando regresaba al dormitorio la mañana después de la tragedia, vio a tres atletas confrontando inmisericordes, a uno de los amigos del difunto. Después este amigo, haciendo memoria de lo sucedido, dijo:

Ese día yo quería asistir a clases, y estaba a punto de romper en llanto por causa de la provocación y el ridículo a que fui sometido por mis compañeros de estudios. Me sentía como un niño de diez años, rodeado de bravucones de la escuela secundaria. No pienso que ellos se dieran cuenta de lo que hacían, pero me tenían acorralado y no me iban a dejar pasar hasta que yo accediera a sus deseos. Uno de ellos dijo que al menos ellos no habían faltado a su palabra. Mi amigo había muerto y estos chicos querían echarme la culpa de su muerte.

De repente, alguien me puso una mano sobre el hombro. Se trataba de Juan. El permaneció a mi lado mientras yo contaba lo que había ocurrido y encaraba sos reacciones críticas e irónicas. Juan me apretó el hombro y me sacó de aquel lugar.

El me acompañó hasta el aula. Y aunque no teníamos ninguna clase juntos, me vigiló, sin decir una palabra, durante todo el día. Quizás yo hubiera podido manejármelas sin Juan durante todo el día; pero su presencia no sólo me hizo más fácil la tarea, sino que me ayudó a tener mejor comprensión del ministerio cristiano durante estos últimos veintidós años. Juan estuvo a mi lado cuando parecía que todos estaban contra mí.

No tener compañerismo con Cristo por medio de la oración, es más lamentable de lo que habría sido para aquel joven rechazar a Juan, su dispuesto y fuerte amigo, durante aquel tiempo doloroso. A semejanza de este estudiante, cuando nosotros acudimos en oración a nuestro amigo Jesús en momentos de crisis, a veces nuestras vidas se fortalecen para siempre. Cuando estamos en medio de una prueba, él, en silencio, nos está vigilando.

Modelo para la oración

Jesús a menudo oraba a solas; se separaba de toda distracción terrenal. Yo le insto a usted seriamente a que escoja un lugar —un cuarto o una rincón en su hogar, en su centro de trabajo o en el patio o jardín— donde pueda encontrarse con Dios con regularidad. Esto no contradice el mandato de orar sin cesar (1 Tesalonicenses 5:17), sino que lo amplía.

Jesús oraba con gran vehemencia. En Getsemaní, en la vehemencia de su oración, él calló al suelo y agonizó con Dios hasta que su sudor "era como grandes gotas de sangre" (Lucas 22:44). El vigor de sus oraciones aumentaba en los momentos de intenso sufrimiento.

Cuando veamos a alguien con una necesidad, oremos. Cuando nos enteremos de que alguien está sufriendo, oremos. Cuando ore por alguien, hágaselo saber, y pídale a otros que oren por usted.

Una familia misionera se vio obligada a acampar al aire libre, en una colina. Tenían dinero en la bolsa y temían que ladrones que merodeasen por allí los asaltaran. Después de haber orado se fueron a dormir. Meses más tarde trajeron al hospital de la misión a un hombre herido. Este hombre le preguntó al misionero si él, aquella noche, había puesto vigilancia de soldados. "Nos habíamos propuesto robarles", dijo el hombre, "pero le cogimos miedo a los veintisiete soldados".

Cuando el misionero regresó a su tierra natal, contó esta historia, y los miembros de la iglesia dijeron: "Esa misma noche tuvimos un culto de oración. Contamos a los presentes y había sólo veintisiete". La oración no tiene fronteras. Puede atravesar fronteras y continentes y ser traducida al instante a cualquier idioma.

Así que nosotros no sólo oramos mientras sufrimos, sino que oramos también por los demás. Hace ya algunos años, el escritor y crítico social Tom Wolfe, creó la frase "generación yoísta". Cada generación tiene la tendencia a ser yoísta, porque el egoismo forma parte de la naturaleza humana. El niño dice: "Es mío". La vida del adolescente gira alrededor de sus propios problemas. El adulto declara: "Vela por lo tuyo". El egoísmo forma parte de la naturaleza humana, pero hoy la propaganda y la psicología del momento es posible que hayan elevado el egoísmo a su punto más alto de popularidad. Sin embargo, Cristo nos dice que debemos orar, no sólo por nosotros mismos, sino también por "los que os ultrajan y os persiguen" (Mateo 5:44).

Debemos interceder por nuestros enemigos, pidiéndole a Dios que los dirija a Cristo y que, para su honor, los perdone. La persecución, ya sea física, social, o mental, es una de las peores formas de sufrimiento; sin embargo, aquellos que nos persiguen deben ser objetos de nuestras oraciones.

La hija y el yerno de Doug Sparks murieron en un accidente automovilístico, víctimas de uno que manejaba en estado de embriaguez. El hijito de ellos sufrió lesiones tan serias, que su cerebro nunca podrá funcionar normalmente. Un amigo le dijo lo siguiente después de ocurrido el accidente: "Doug, esto les va a ayudar a bien, a ti y a tu familia".

El señor Sparks, enojado, le contestó: "Sí, pero pagando qué precio".

Sparks dijo: "Durante varios días tuve una lucha con este asunto del precio que estaba pagando. Estaba enojado. Y no es un delito enojarse cuando algo así le sucede a uno. Sólo hay que mantenerse en contacto con Dios y lidiar con el enojo".

Durante un tiempo de oración a Sparks le pareció que Dios le decía: "Doug, yo sé lo que todo esto te está costando. Sé el precio que estás pagando. Pero también sé el precio que yo tuve que pagar".

El señor Sparks continuó así: "A la hora de la tragedia debemos siempre mirar la cruz: el precio que Dios pagó por un mundo que sufre y que está pereciendo. Al instante el Espíritu me mostró que debía acudir al conductor que había causado la tragedia y perdonarlo".[2]

Visitó el hospital donde estaba ingresado el conductor —inmigrante ilegal—, que se encontraba amarrado, con el cuello y la columna fracturados, y con un espíritu aun más quebrantado que su cuerpo, convencido de que Dios lo había abandonado. Sparks le presentó el evangelio y le dijo: "Cristo me amó y me perdonó, por eso yo te amo y te perdono". En ese instante, Sparks dice que experimentó el amor que Cristo le tenía a este hombre. El ordinario amor humano no podía haber producido esa clase de perdón hacia un hombre que había matado a sus seres queridos; sólo las oraciones en las que se perdona a la otra persona, pueden lograr este milagro.

Las primeras palabras que Cristo pronunció después que lo clavaron en la cruz, fueron: "Padre, perdónalos, porque no saben lo que hacen" (Lucas 23:34). He pensado muchas veces que por esta oración de Jesús, veremos en el cielo a aquellos que lo clavaron en la cruz. Todas las oraciones que Cristo elevó al Padre fueron contestadas.

A lo largo de los siglos los maestros cristianos han hecho hincapié sobre la importancia de la oración en la vida del creyente. Un sabio hombre, dijo: "Si los cristianos pasaran tanto tiempo en oración como el que pasan refunfuñando, en poco tiempo no tendrían motivos para refunfuñar".

Alguien ha dicho: "Si ha de haber lágrimas en el cielo, serán motivadas por el hecho de que oramos muy poco aquí en la tierra". Cameron Thompson dijo: "El cielo debe de estar repleto de contestaciones que nadie se tomó el trabajo de reclamar".[3]

El poder de la oración

Pocos de nosotros han aprendido la forma de desarrollar el poder de la oración. No acabamos de aprender que el hombre tiene mayor fortaleza cuando se ha entregado a la oración, que cuando tiene bajo su poder el armamento militar más poderoso que se haya fabricado. Me produjo mucha satisfacción escuchar al general Norman Schwarzkopf decir, en una entrevista que le hizo Bárbara Walters al finalizar la Guerra del Golfo, que él oraba por los soldados que estaban bajo sus órdenes.

La oración eficaz se hace con fe. Desde principio hasta el final de la Biblia, tenemos relatos de personas cuyas oraciones fueron contestadas; gente que cambió el curso de la historia; hombres que oraron fervientemente y vieron a Dios dar respuestas a sus oraciones.

David, en los Salmos, monstró varios patrones poderosos de oración, para bien de aquellos que están atravesando por momentos difíciles.

Cuando estamos angustiados: "Respóndeme cuando clamo, oh Dios de mi justicia. Cuando estaba en angustia, tú me hiciste ensanchar; ten misericordia de mí, y oye mi oración" (Salmo 4:1).

Cuando necesitamos misericordia: "De mañana sácianos de tu misericordia, y cantaremos y nos alegraremos todos nuestros días" (Salmo 90:14).

Cuando necesitamos ayuda: "Porque tú, Jehová, me ayudasta y me consolaste" (Salmo 86:17).

La oración es poderosa, pero si nuestras oraciones no tienen objetivo ni significado, y están socavadas por la duda, nos serán de poca ayuda. La oración es más que un deseo; se trata de la voz de la fe que se dirige a Dios. Uno de mis versículos favoritos es el siguiente: "Y si alguno de vosotros tiene falta de sabiduría, pídala a Dios, el cual da a todos abundantemente y sin reproche, y le será dada. Pero pida con fe, no dudando nada; porque el que duda es semejante a la onda del mar, que es arrastrada por el viento y echada de una parte a otra" (Santiago 1:5-6).

La Biblia dice que "la oració eficaz del justo puede mucho" (Santiago 5:16). Jesús dijo: "Por tanto, os digo que todo lo que pidiereis orando, creed que lo recibiréis, y os vendrá" (Marcos 11:24). He oído muchas anécdotas de la vida real, acerca de oraciones contestadas en favor de seres queridos que se encontraban a muchos kilómetros de distancia. Una madre cuenta que una vez escuchó claramente a una de sus hijas llamarla: "¡Mami, mami!" Pero su hija ya era una mujer casada, que en ese momento estaba haciendo una gira por diversas partes del mundo con su esposo. La madre tomó la Biblia de la mesita de noche y se fue a la sala a orar. Ella presentía que su hija necesitaba ayuda urgente. Le pidió a Dios que le mostrara el rumbo a seguir y luego leyó repetidas veces el Salmo 91.

Pocas semanas después, recibió una carta de su hija. He aquí lo que había sucedido. La hija se encontraba en Borneo cuando se puso muy enferma y con fiebre. El esposo no hallaba un buen médico, pero después de un tiempo localizó a uno que los trajo a su propio hogar y allí, con la ayuda del ama de llaves, la atendieron hasta que recuperó la salud. La carta terminó así: "¿Recuerdas cuando yo era niña y te llamaba, diciendo: 'Mami, mami', y tú venías apresuradamente por el pasillo? Aquella noche en Borneo, con la fiebre que tenía, te llamé: 'Mami, mami'... y luego te oí venir apresuradamente por el pasillo".[4]

Dios a veces nos causa dolor para que nos demos a la tarea de orar por los demás. La enseñanza bíblica, la historia de la iglesia, y la experiencia cristiana nos confirman que la oración funciona.

Orar, no aterrorizarse

Cuando nos hallamos en una situación amenazante, lo normal es aterrorizarse. Muchas anécdotas podrían contarse sobre la forma en que el temor ha sido reemplazado por la calma, mediante el poder de la oración. Carol padece de esclerosis múltiple, enfermedad que afecta el sistema nervioso central. Todas las víctimas muestran síntomas diferentes; algunos más debilitantes que otros. Con el paso de los años esta mujer, antes activa y llena de vitalidad, fue perdiendo su habilidad muscular, por lo que se vio restringida a una silla de ruedas.

Su esposo siempre se ocupaba de dejarla situada cómodamente antes de irse al trabajo. El era un hombre metódico, por lo que estaba habituado a llegar cada tarde a la misma hora.

Un día Carol hacía el intento de trasladarse de su silla de ruedas a su cama y, por alguna razón, se calló y su cabeza quedó encajada entre la pared y las ruedas de la silla. Carol estaba atrapada y no podía moverse para llegar al teléfono. Entonces comenzó a pedir ayuda en oración. Ella sabía que mientras más tiempo pasara tendida en el frío y rígido piso, más difícil se le haría recuperar su fortaleza muscular. Después de un corto tiempo, oyó que la puerta principal se abría y que su esposo la llamaba. El había regresado a casa varias horas antes de lo acostumbrado.

"Me parecía como que alguien estuviera diciéndome que regresara a casa", le contó él a su esposa mientras que la acostaba en la cama.

Carol le dijo: "Y yo sé quién era ese alguien. Yo pedí ayuda en oración".

Nuestras oraciones no siempre reciben contestación con la rapidez y la exactitud con que fue contestada la de Carol. Si permanecemos calmados y depositamos nuestra fe en Dios, convencidos de que él nos guiará, con el tiempo hallaremos la solución para nuestro problema.

Silencio creativo

Se cuenta la historia acerca de Robert LeTourneau, el industrial, quien recibió un pedido del gobierno para que fabricara una máquina muy compleja que se utilizaría para levantar aviones. Nunca antes se había diseñado una máquina como esta. LeTourneau y sus ingenieros no lograban diseñarla. Después de un tiempo todos se estaban poniendo tensos y nerviosos. Finalmente, un miércoles por la noche, LeTourneau le hizo saber a su cuerpo de administración que no iba a trabajar esa noche, porque se iba a un culto de oración. Los ingenieros estaban disgustados, porque tenían un límite de tiempo y el jefe los estaba abandonando.

El les hizo saber que tenía un plazo establecido también con Dios. Se fue al culto de oración, cantó los himnos y oró. Después, mientras caminaba a su casa, le vino a la mente el diseño de la máquina, con lujos de detalles. A él le hacía falta pasar tiempo con Dios, y necesitaba "silencio creativo" para sacar el diseño a la superficie.[5]

A veces procuramos tan arduamente resolver los problemas de nuestra salud, de nuestros hijos, de nuestro negocio, o de nuestro futuro, que nos perturbamos y caemos en la depresión. "Estad quietos, y conoced que yo soy Dios" (Salmo 46:10).

Oración es un lugar en el corazón

La oración es más que un ruego, se trata de un lugar en el que debemos pasar tiempo, si es que hemos de aprender el poder que tiene la oración.

Un ministro había perdido su fe gradualmente. En un mundo de intenso sufrimiento, él ya no podía sentir la presencia del Señor en su propia vida. Estaba amargado por el hecho de que había empleado mucho tiempo de su propia vida estudiando y buscando comprender mejor a Dios. Ahora se sentía como traicionado y vacío. Aun sus oraciones parecían rebotar en una barrera imaginaria.

La angustia que sentía se la manifestó a un viejo amigo, a quien conocía desde su niñez. Le dijo que él pensaba que sabía cómo Moisés se habría sentido si la zarza que ardía se hubiera apagado de repente, dejando ascender una nubecilla de humo. Dijo que para él ya no había zarza ardiendo y que tampoco sentía la presencia de Dios en su vida.

Su amigo, que era un ranchero, le reveló que él, también, a veces se sentía así. "Pero, sabes una cosa, Tony, hace algún tiempo me di cuenta de que la zarza que ardía sigue ardiendo en el mismo sitio. Lo que ocurre es que yo no he visitado por mucho tiempo esa parte del pastizal".

Hágase Tu voluntad

Al hacerles frente a los problemas de la vida y al sufrimiento personal, no debemos olvidar que nuestras oraciones están sujetas a la voluntad de Dios. Esto nos quita la carga de nuestros hombros y la pone en manos del Señor. Su voluntad siempre es lo mejor. La dificultad a que la mayoría de nosotros se enfrenta es la de conocer la voluntad de Dios.

En la sociedad computarizada en que vivimos, mucha gente ha aprendido el valor que tiene el uso de estos maravillosos aparatos. Una computadora, sin embargo, no tiene ningún valor si no se programa. Cuando se programa correctamente, trabaja con mayor precisión que varias personas juntas. El creyente tiene un increíble potencial, pero ese potencial no se puede explotar hasta que se le programe con la palabra de Dios.

El señor J. Grant Howard dijo: "Dios ha entregado a cada creyente un manual que contiene muchas de las reglas y regulaciones básicas para vivir. El creyente hace la voluntad de Dios únicamente cuando se rige por esas reglas. Cuando las viola conscientemente, se coloca fuera de la voluntad de Dios. Por tanto, es necesario que yo aprenda los preceptos que nos enseña la Palabra, para poder poner en práctica la voluntad de Dios".[6]

> *Dios cumple su palabra, y contesta todas las oraciones sinceras, hechas en el nombre del Señor Jesucristo.*

La oraciones egoístas, vengativas, o crueles, están fuera de la voluntad de Dios. Sin embargo, podemos estar seguros de que Dios cumple su palabra, y contesta todas las oraciones sinceras hechas en el nombre del Señor Jesucristo. Su respuesta puede ser afirmativa, negativa, o que debemos esperar. Si se trata de un no o de que esperemos, no debemos concluir que Dios se ha negado a contestar nuestra oración. Quiere decir, simple y llanamente, que la respuesta no fue lo que nosotros esperábamos.

Cuando oremos pidiendo ayuda en momentos de dificultad, o por sanidad cuando estemos enfermos, o por liberación de la persecusión, puede ser que Dios no nos dé lo que hemos pedido. Tal vez lo que hemos pedido no esté de acuerdo con su sabia y amante voluntad. El dará respuesta a nuestras oraciones a su manera; él no nos fallará en la hora de la necesidad.

Margaret Clarkson dijo: "No cometemos un error cuando pedimos en oración que ocurran milagros. Pero sí nos equivocamos cuando insistimos en que se haga nuestra voluntad en vez de la de Dios. No podemos exigir que un Dios soberano obre milagros. Lamentablemente, tales demandas se hacen demasiados círculos cristianos en la actualidad".[7]

La auténtica oración es un estilo de vida. No se trata sólo de una herramienta que empleamos en casos de emergencia. Conviértala en un hábito, y cuando toque a la puerta la necesidad, ya tendrá la práctica.

12

Guardando para los días de tormenta

> *No se pueden fabricar cimientos de fortaleza repentinamente; debieron estarse fabricando en todo momento.*
>
> Philip Yancey

TOM LANDRY, ANTIGUO ENTRENADOR DE los Vaqueros de Dallas, ha hecho uso de la palabra en nuestras cruzadas; él es un hombre a quien admiro grandemente. Por el hecho de que él era muy conocido, su testimonio cristiano influía en miles de personas, mayormente cuando se sabía que él se hallaba en una situación difícil.

Landry no se hizo cristiano hasta los treinta y tres años de edad, a pesar de que toda la vida había asistido a la iglesia. Uno de sus biógrafos escribió lo siguiente: "Había tiempos inestables, de frustraciones, de los cuales algunos habrían podido dejar profundas cicatrices en cualquiera que hubiera tenido menos fe. Sin embargo, la fe de Landry lo ayudaba a sostenerse. Dudo que habría podido atravesar por la penosa experiencia de su despido, cuando aguardaba con ansias la oportunidad de preparar a su equipo para la próxima contienda, si su fe no hubiera sido fuerte. También dudo que hubiera podido resistir los años formativos de los Vaqueros de Dallas, los cuales fueron bastante peores de lo que él habría podido imaginar".[1]

¿Qué guía a un hombre como Tom Landry, y le provee los recursos que almacena, para hacerle frente a las tormentas de la vida? A menudo escuchamos la palabra "fe". Fe en Jesucristo.

Ningún atleta hace el intento de clasificar para las olimpíadas sin antes haber pasado largas horas y aun años de entrenamiento. Ningún actor sube al escenario sin haber memorizado su guión. Ningún cocinero puede hacer un pastel si no tiene los ingredientes necesarios. ¿Y cómo esperamos nosotros hacerle frente a la vida y a las vueltas dolorosas que ésta da, sin los recursos necesarios para fortalecernos?

¿Qué haría usted?

¿Qué haría usted si las principales ciudades de su país fueran destruidas de repente, por un ataque de proyectiles teledirigidos o por bombarderos enemigos? ¿De qué forma reaccionaría si un terremoto interrumpiera todas las comunicaciones, el flujo de agua y el de electricidad? ¿Y qué si un grupo terrorista lo tomara de rehén? Si usted jamás ha pasado por horrores extremos como estos, es probable que no tenga respuesta para las anteriores interrogantes.

No debemos vivir en espera de los desastres. Conozco a personas que acumulan tantos temores de lo que podría suceder, que nunca disfrutan de lo que está sucediendo. No obstante, como en el caso de la defensa nacional, es necesario que estemos armados. Jorge Washington dijo: "Una de las formas más efectivas de preservar la paz, es estar preparados para la guerra".

Sin embargo, aquí en los Estados Unidos de América, en comparación con los cristianos de muchos otros países, hemos hecho muy pocos sacrificios y hemos sufrido muy poco. Tengo conciencia de situaciones difíciles de los desamparados y de los pobres, y no me son indiferentes sus necesidades. Pero las persecuciones que la mayoría de nosotros ha pasado, han sido leves.

El cristianismo en los Estados Unidos de América, en ciertas épocas ha sido casi popular. Sólo hay que entrar en cualquier librería cristiana para ver que se han publicado cientos de libros. Gente famosa hace abierta profesión de su fe cristiana. No obstante lo dicho, a medida que el materialismo secular predomina cada vez más en el sistema educativo, veremos acercarse el fin de esta popularidad. Ya estamos experimentando la supresión de la oración y el estudio bíblico. Y nuestros jóvenes están pagando el precio. Cristo le advirtió a sus discípulos que el creer en él no los haría populares y que debían estar preparados para pasar aflicciones por amor a él.

¿Escaparemos de la persecución religiosa?

Las autoridades han encarcelado y maltratado a algunos grupos que se han manifestado en contra del aborto. En las escuelas, los padres que se han opuesto a la enseñanza de material ofensivo han sido tachados de extremistas en los mejores casos. ¿Podemos comparar lo anterior con las persecuciones llevadas a cabo en países donde los cristianos han sido encarcelados, torturados, o asesinados?

> *Ya estamos experimentando la supresión*
> *de la oración y del estudio bíblico.*
> *Y nuestros jóvenes están*
> *pagando el precio*

La Biblia dice que "todos los que quieren vivir piadosamente en Cristo Jesús padecerán persecución" (2 Timoteo 3:12). Cristo afirmó que a medida que se acercara el tiempo de su regreso, "os echarán mano, y os perseguirán" (Lucas 21:12). El hecho de que no nos están persiguiendo por nuestra fe, es una situación que está fuera de lo normal. No quiero decir con esto que los estadounidenses estén a punto de ser torturados por Cristo; pero sólo como resultado de una leve persecución por nuestra fe, es probable que muchos creyentes nieguen a Cristo.

¿Estamos tan blandos, tan acostumbrados a las comodidades de la libertad, que no seremos capaces de hacerle frente
a la persecución? La mayoría de nosotros no haría ni más ni
menos de lo que estamos haciendo en la actualidad. Algunos
de los que exhibimos nuestro cristianismo, probablemente
seamos los primeros en rendirnos. Muchos han de ser Pedros
de la era actual, quienes dirán: "Aunque todos nieguen a
Cristo, yo nunca lo negaré". Pero Pedro lo negó, no una, sino
tres veces.

Pero otros, que almacenan en silencio sus recursos de
fortaleza y poder, estarán fuertes y serán valerosos, como dijo
el Señor: "Mi poder, se perfecciona en la debilidad"
(2 Corintios 12:9).

Persecuciones del corazón

Claudia era una joven recién casada, cuando los médicos
le diagnosticaron la enfermedad de Hodgkin. Le dieron cincuenta por ciento de probabilidades de sobrevivencia. La
operaron sin demoras y comenzaron a darle tratamiento de
cobalto. Por el tratamiento, esta mujer joven y bonita se
convirtió, casi de la noche a la mañana, en una ruina humana.

Sus amigos cristianos, con el fin de ayudarla, le traían
palabras de confusión en vez de traerle consuelo. Todos los
consoladores, con sus voces inciertas, aumentaban su sufrimiento. Su esposo era asistente del capellán de un hospital, y
él había visto diversas facetas del sufrimiento. El dijo lo
siguiente: "He visto pacientes enfermos y otros moribundos.
En las películas vemos parejas que pasaron años peleando,
pero, de repente, al tener que enfrentarse a algún peligro,
dejan a un lado sus diferencias y vuelven a unirse. Pero en la
vida real las cosas no suceden así".

"Cuando una pareja se enfrenta a una crisis", nos dice él,
"esto aumenta lo que ya existía en la relación entre ambos.
Por el hecho de que Claudia y yo nos amábamos profundamente, y habíamos procurado tener siempre una comunicación abierta, la crisis nos unió aun más. No existían
sentimientos de culpa ni enojo entre nosotros. La crisis que

su enfermedad produjo, sólo pudo traer a la superficie e intensificar los sentimientos que ya existían".[2]

Los problemas tienen la virtud de aumentar lo que ya existe en nuestra relación con aquellos que están cercanos a nosotros. Es posible que Claudia y su esposo no se hayan dado cuenta de que ya estaban preparados para la crisis a que tuvieron que enfrentarse, pero su estable y fuerte amor los unió de tal menera, que constituyeron una fortaleza para enfrentar la tormenta. Afortunadamente, Claudia por medio del tratamiento que destruyó las células cancerosas, quedó completamente sanada.

Sin embargo, los problemas son causa de separación para muchas parejas y familias. Como un árbol con raíces superficiales, son derribados cuando soplan los vientos. Algunos se divorcian. En otros casos hay separaciones familiares que parece que nunca se van a solucionar. Las acusaciones, la amargura, el odio y la culpa, destruyen relaciones que debieron haberse fortalecido, como un árbol que crece saludable.

Si queremos tener recursos en nuestras manos para cuando ocurra un desastre, cada uno de nosotros debe hacerse de un juego de implementos de supervivencia.

El almacén de Dios

Durante la Semana Santa numerosos canales de televisión estadounidenses exhiben el clásico cinematográfico titulado Los Diez Mandamientos. Hay una escena en la que Moisés abre los graneros de Faraón, y el hambriento pueblo judío los invade para llenar sus canastas con el flujo constante del grano alimenticio.

Conocer a Dios y poder invocarle
es el paso más importante
en el proceso de almacenar
para los días de tormenta.

Así es el almacén de las provisiones de Dios. Pero hay ciertos requisitos que debemos llenar antes de poder abastecernos de su abundancia. En primer lugar, debemos estar seguros de nuestra relación con Dios. Debemos estar preparados para tener un encuentro con Dios en cualquier momento.

¿No es curioso el hecho de que nos preparemos para muchas cosas, menos para tener un encuentro con Dios? Algunas chicas pasan meses preparándose para la boda, y piensan hasta en el último detalle, como el de cuántos pisos ha de tener el pastel de la boda. Pero, ¿se preparan para la vida que les aguarda después de la boda?

Conocer a Dios y poder invocarle es el paso más importante en el proceso de almacenar para los días de tormenta. Conocer a Dios va más allá de tratarlo como un simple conocido nuestro. Significa, más bien, desarrollar diariamente una relación más íntima con él.

En segundo lugar, debemos aprender a caminar con Dios en nuestra vida diaria. Alguna vez le han preguntado: ¿Cómo anda usted? Algunos cristianos sabrán enseguida que se les ha preguntado acerca de su andar con Dios. Pero algunos probablemente responderán: "Bueno, camino alrededor de dos kilómetros diariamente".

Conozco a personas que tal parece que van de la mano de Dios en su andar por la vida. Sin embargo, conozco a otros que van muy rezagados. Tenemos algunos amigos en el Antiguo Testamento que nos han dado vívidos ejemplos de lo que significa caminar con Dios.

Abraham caminó con Dios y se le llamó amigo de Dios. Noé caminó con Dios y cuando vino el diluvio no pereció con el resto de la humanidad. Moisés caminó con Dios en el desierto, y cuando a Egipto le llegó la hora del juicio, él estaba preparado para conducir a la victoria a su pueblo. David caminó con Dios cuando era niño y pastoreaba las ovejas de su padre; cuando Dios lo escogió para que fuera el rey de su pueblo, él estaba preparado. Daniel salió ileso del foso de los leones y sus amigos fueron librados del horno de fuego.

Dios no siempre libra a sus hijos de las dificultades. Esteban era un joven "lleno de fe y del Espíritu Santo" (Hechos 6:5). Murió apedreado, pero su entrada al cielo fue triunfante.

¿No creen ustedes que a los apóstoles les hubiera ido mejor que a algunos de los escarnecedores que rodeaban a Jesús? Sólo tenemos que observar la suerte que corrieron algunos de ellos: A Pedro lo crucificaron con la cabeza hacia abajo; Andrés fue atado con gruesas cuerdas a una cruz durante tres días, hasta que murió; Juan estuvo prisionero en una isla desierta; a Bartolomé lo golpearon y luego lo decapitaron; a Tomás lo asesinaron mientras predicaba. Amy Carmichael dijo: "Para Juan, el discípulo amado, estaba reservado el largo martirio de la vida".

Estos hombres verdaderamente caminaron con Dios. Y aunque nosotros no estuvimos presentes hace dos mil años, tenemos acceso a la misma fortaleza que sostuvo a los apóstoles.

Saque su Biblia del estante

¿Qué ha sucedido con la memorización de la Biblia? Los niños que asistían a la escuela dominical solían memorizar versículos con el fin de ganarse una Biblia. En los estudios bíblicos se asignaban pasajes de las Escrituras para que fueran memorizados. Hoy hay más personas que saben de memoria la letra de los comerciales televisados, que los que saben de memoria porciones de la Biblia.

Numerosas anécdotas han salido de los campamentos de prisioneros, donde los creyentes, sin tener una Biblia pero habiéndo memorizado porciones de las Escrituras, compartieron la Palabra con sus compañeros de prisión. Un cristiano que estuvo preso en un campo de concentración durante tres años me dijo que lo que más lamentó durante su encarcelamiento fue el hecho de que no había memorizado más porciones de la Biblia.

Durante la Segunda Guerra Mundial los japoneses encarcelaron a una misionera china. Ella se las ingenió para introducir un Evangelio de Juan, cosa que era prohibida. Al retirarse a dormir, se metía debajo de la sábana y memorizaba un versículo cada noche. Así lo hizo diariamente durante tres años.

Cuando soltaron a los prisioneros, la mayoría salía arrastrando los pies, pero ella estaba tan llena de vida que alguien afirmó que a ella debieron haberle lavado el cerebro. Un periodista de la revista *Life*, que la había entrevistado, dijo: "Es cierto que le han lavado el cerebro. Dios se lo lavó".

Algunos me han dicho que cuando estaban en medio del sufrimiento, a veces sólo podían recordar pequeños trozos de las Escrituras. Una mujer, al oír malas noticias, repetía continuamente: "Todo lo puedo en Cristo que me fortalece" (Filipenses 4:13).

¿Qué versículos ha almacenado usted para el futuro?

Sea un guerrero de oración antes que la batalla comience

Hemos hablado acerca de la importancia de la oración antes que llegue la crisis, pero parece que oramos cuando atravesamos por una dificultad y descuidamos la oración entre los períodos de crisis. Desde que finalizó la guerra del Golfo, he oído o leído muy poco acerca de oraciones hechas en favor de nuestra patria. Por otra parte, se están librando tantas batallas en nuestro país hoy día, que debiéramos ser un pueblo de oración. Nuestro gobierno necesita de la oración. Nuestros líderes necesitan de la oración. También las escuelas, la juventud y nuestras familias, necesitan de la oración.

Si el cristianismo va a sobrevivir en un mundo materialista y que no conoce a Dios, es menester que nos arrepintamos de nuestro descuido de la oración. La oración debe convertirse en una prioridad. Hasta nuestras iglesias en la actualidad han descuidado los cultos de oración. Hoy en día tienen más importancia la recaudación de fondos y las comidas informales.

¿Estamos preparados espiritualmente, como cristianos y como nación, para enfrentar los crecientes ataques que se nos hacen? Yo creo en la necesidad de la preparación militar, pero ésta no puede reemplazar la preparación espiritual.

Nuestro gobierno no está encabezado por hombres malvados. Todo lo contrario: muchos de ellos son piadosos, dedicados a sus familias y a proteger nuestra nación. No obstante lo dicho, hay "huestes espirituales de maldad" en acción en nuestro mundo. Las noticias diariamente nos informan sobre la creciente depravación en nuestro mundo. Debemos ser guerreros de oración, para luchar contra los "poderes de las tinieblas".

En la Biblia se relata la historia de un rey malvado y el efecto que tuvo sobre él el poder de la oración. Senaquerib fué un líder asirio que se jactaba diciendo que él derrotaría al pueblo de Dios y se adueñaría de sus tierras. Su maquinaria propagandística era poderosa. Le enviaba mensajes a Israel haciendo mofa de sus debilidades y jactándose de su propia fortaleza. En la carrera armamentista de aquellos días, sin lugar a dudas, los asirios llevaban la delantera. Cuando Senaquerib hablaba, el mundo entero temblaba.

Ezequías, rey de Israel en aquel entonces, era un hombre de fe. El sabía que, humanamente hablando, los asirios tenían el poder para destruirlos. Pero Ezequías poseía un arma secreta. El hizo venir al profeta Isaías y ambos se entregaron a la oración.

He aquí lo que sucedió: "Y Jehová envió un ángel, el cual destruyó a todo valiente y esforzado, y a los jefes y capitanes en el campamento del rey de Asiria. Este [Senaquerib] se volvió, por tanto, avergonzado a su tierra.... Así salvó Jehová a Ezequías y a los moradores de Jeresalén ... y les dio reposo por todos lados" (2 Crónicas 32:21-22).

> *Se están librando tantas batallas*
> *en nuestro país hoy día,*
> *que debiéramos ser un pueblo de oración.*

Cuando el pueblo de Dios ha acudido a él en oración, han ocurrido milagros. No debemos orar para que Dios esté de nuestra parte, sino más bien para que nosotros estemos de parte de El. Dios no siempre libra a sus hijos de una catástrofe, pero sí promete estar con nosotros en todo momento.

Practique la presencia de Cristo

¿Cómo podemos experimentar la proximidad del Señor en todo momento? ¿Nos hará falta un cuadro hecho por un buen pintor, para que podamos imaginarnos a Cristo a nuestro lado? Carlos Spurgeon dijo en cierta ocasión que nunca habían pasado quince minutos en su vida en los que él no hubiera sentido la presencia de Cristo. Ojalá yo pudiera afirmar lo mismo, pero lamentablemente no puedo. ¡Qué fortaleza tendríamos, no sólo en los días de prueba y de sufrimiento sino en todo momento, si nos entrenáramos para la vida contando con la presencia de Cristo a nuestro lado!

El famoso libro titulado *En Sus pasos* cuenta del reto que lanzó un pastor a los miembros de su iglesia a que durante un año no hicieran nada sin antes formularse la pregunta: "¿Qué haría Jesús?" El desafío se originó cuando un hombre harapiento que se lamentaba por la pérdida de su esposa, la cual había muerto en la pobreza, dio con esta iglesia de gente acaudalada y, dirigiéndose a la congregación, dijo:

La otra noche, en un culto de oración en una iglesia, oí a un grupo de personas cantar lo siguiente:

Todo por Jesús; todo por Jesús;
Todos mis poderes personales;
Todos mis pensamientos y todas mis acciones,
Todos mis días y todas mis horas.

Yo me preguntaba, sentado en los escalones de afuera, qué querrían decir con esto. Me parece que tantos problemas que hay en el mundo no existirían si la gente que entona canciones como estas se diera a la tarea de vivirlas.[3]

Si el vagabundo nos hubiera hecho la misma pregunta a nosotros, ¿qué le habríamos contestado? ¿Vivimos la vida preguntándonos qué haría Jesús? ¿Practicamos cada día la presencia de Cristo?

El vagabundo de la novela murió; pero la conciencia del ministro quedó impactada de manera tan profunda, que la vida de muchos fue transformada, como cambiaría la nuestra si verdaderamente siguiéramos "en Sus pasos", haciéndonos siempre la pregunta: "¿Qué quiere Jesús que haga yo?"

Cristo les prometió lo siguiente a sus discípulos: "He aquí yo estoy con vosotros todos los días, hasta el fin del mundo" (Mateo 28:20). ¡Qué seguridad tan grande es esta! La realidad de su presencia es segura porque él lo prometió. Necesitamos cultivar el sentido de su presencia, al enfrascarnos en el diario quehacer de nuestra vida.

Cristo debe ser una realidad vital en nuestra vida, si hemos de permanecer fieles a él en la hora de la crisis. ¿Y quién sabe cuándo llegará esa hora? La vida se mueve a un ritmo tan vertiginoso que la necesidad de buscar a Dios nunca ha sido tan apremiante.

La historia que voy a relatar la he contado en numerosas ocasiones, y le pido a mi esposa que me perdone por repetirla una vez más. Pero es que se trata de un ejemplo tan apropiado para el asunto de "almacenar para cuando llegue la tormenta", que no puedo dejar de contarla.

Hace varios años Ruth tuvo una fuerte caída en la que sufrió una contusión. Estuvo inconsciente cerca de una semana, sufrió cinco fracturas en un solo pie; se fracturó una costilla, una vértebra y se lesionó la cadera. Algunas de estas lesiones han seguido molestándola a través de los años. Cuando volvió en sí, se dio cuenta de que había perdido una parte considerable de la memoria. Y lo que más la inquietaba era el hecho de que había olvidado todos los versículos que había memorizado a lo largo de su vida. Los versículos aprendidos durante toda una vida tenían mayor valor para ella que cualquiera de sus posesiones materiales.

¿Qué haría Jesús?

Una noche, mientras oraba, dijo: "Señor, quítame lo que tú quieras, pero, por favor, hazme recordar mis versículos bíblicos".

Al instante el siguiente versículo vino a su mente: "Con amor eterno te he amado; por tanto, te prolongué mi misericordia". Lo extraordinario era que ella no recordaba haber memorizado este versículo; pero el Señor se lo trajo a la memoria.

Ella ha seguido memorizando versículos de la Biblia, aunque se da cuenta de que se le hace más difícil a medida que va entrando en años. Uno de los pasajes memorizados más recientemente es Romanos 8:31-39.

Voy a tomarme la libertad de citarlo a continuación, con el fin de instarles a ustedes a memorizarlo también y que lo guarden en su corazón. Cuando lleguen la persecusión, los problemas y la adversidad, estos versículos vendrán a su memoria y les darán fortaleza.

¿Qué, pues, diremos a esto? Si Dios es por nosotros, ¿quién contra nosotros? El que no escatimó ni a su propio Hijo, sino que lo entregó por todos nosotros, ¿cómo no nos dará también con él todas las cosas? ¿Quién acusará a los escogidos de Dios? Dios es el que justifica. ¿Quién es el que condenará? Cristo es el que murió; más aun, el que también resucitó, el que además está a la diestra de Dios, el que también intercede por nosotros. ¿Quién nos separará del amor de Cristo? ¿Tribulación, o angustia, o persecución, o hambre, o desnudez, o peligro, o espada? Como está escrito:

> *"Por causa de ti somos muertos todo el tiempo; somos contados como ovejas de matadero ".*

Antes, en todas estas cosas somos más que vencedores por medio de aquel que nos amó. Por lo cual estoy seguro de que ni la muerte, ni la vida, ni ángeles, ni principados, ni potestades, ni lo presente, ni lo por venir, ni lo alto, ni lo profundo, ni ninguna otra cosa creada nos podrá separar del amor de Dios, que es en Cristo Jesús Señor nuestro.

¡Qué increíbles reservas tendremos cuando estos pensamientos inunden nuestros corazones!

El poder de la familia

Hace sólo unos años yo no había oído emplearse como se emplea hoy la frase "familia no funcional". Este concepto se aplica a tanta gente, que yo me pregunto cómo está funcionando la familia en el presente. En la mayor parte del mundo no está funcionando muy bien. No me refiero solamente a la unidad de la familia cercana, sino también al círculo más amplio de la familia y también a la familia de Dios. No hace falta que hagamos un repaso de todos los problemas. Usted los conoce. Es más, usted mismo pudiera ser parte del problema. Sólo la familia cristiana vigorosa es capaz de sobreponerse a la creciente crisis mundial.

Los puntos que hemos tratado anteriormente en nuestra exposición, tienen que ver también con la familia. En primer lugar, es necesario que coloquemos a Dios en el mismo centro de nuestra familia. En segundo lugar, como familia es necesario que caminemos diariamente con Dios. En tercer lugar, es de vital importancia que, como familia, consultemos la Biblia y memoricemos porciones de la misma. La familia, junta, debe leer, marcar y aprender las Escrituras, como medio esencial de preparación para la persecución que se avecina.

> *Sólo la familia cristiana vigorosa*
> *es capaz de sobreponerse a la creciente*
> *crisis mundial.*

La oración familiar es el cuarto eslabón vital en la cadena de la fortaleza espiritual; fortaleza que procuramos que aumente para estar protegidos de un mundo que se ha enloquecido. Orar como familia, no sólo la oración rutinaria antes de las comidas, nos puede proporcionar la seguridad que necesitamos. Si una familia está fragmentada, dividida en facciones, o existe entre sus miembros una actitud no perdonadora, ha de pasar por tiempos muy dolorosos cuando azoten los problemas. A menudo lo que hace falta es que un solo miembro de la familia tome la iniciativa para que la familia vuelva a unirse.

Conocemos a una pareja que se casó por segunda vez, después que su hijo se acercó al padre y le dijo: "Me parece que tú y mamá debían casarse otra vez". El hijo llevó una buena cantidad de pañuelos a la ceremonia. El pensaba que su madre los iba a necesitar, pero fue al padre quien tuvo que entregarle constantemente los pañuelos, por el hecho de que éste lloraba a lágrima viva. Por la intervención de un niño, los años de dolor y de separación de esta familia desintegrada, llegaron a su fin con un nuevo comienzo.

La familia abarca también a aquellos grupos pequeños e íntimos que están surgiendo fuera de la iglesia en la actualidad. En una sociedad impersonal en la que a menudo ni siquiera conocemos a nuestros vecinos inmediatos, existe la necesidad fundamental de formar grupos de apoyo. Existe mucha gente que no tiene estos grupos dentro de su propia familia. Cuando hermanos y hermanas en Cristo se unen para celebrar un estudio bíblico en su hogar, su fe y su testimonio se pueden fortalecer. Las Escrituras nos exhortan a que sobrellevemos "los unos las cargas de los otros, y cumplid así la ley de Cristo" (Gálatas 6:2). Cuando esto se cumple en el seno de los grupos cristianos pequeños, pueden suceder cosas maravillosas.

Un grupo de hombres de negocios cristianos se reunió para orar por un amigo que había sufrido un ataque apoplético. Poco a poco el grupo de oración se convirtió en un auténtico grupo de apoyo, en el que compartían abiertamente sus sentimientos y leían juntos las Escrituras. El enfermo por quien habían orado vino a darles las gracias por sus oraciones y se quedó para recibir a Cristo. Poco tiempo después su esposa asistió a una comida informal y ella, finalmente, también aceptó a Cristo como Salvador. Pasan cosas maravillosas cuando la familia de Dios se une.

Ruth y yo nos hemos enterado de que la iglesia en China ha subsistido, después de tantos años de severas restricciones.

¿Cómo puede haber sido esto? Ha sucedido porque un grupo pequeño de creyentes, a pesar de su clandestinidad durante la revolución cultural, se las arregló para reunirse regularmente a estudiar la Palabra. A pesar del esfuerzo que se hizo para destruir todas las Biblias en China, algunos ejemplares fueron preservados. Diversos grupos pequeños de cristianos se reunían para estudiar estas Biblias, y fueron, además, edificados por los versículos que otros creyentes memorizaron. Los cristianos chinos en las prisiones y campamentos de trabajo forzado, han permitido que la llama de su fe arda con vigor; ellos han sido instrumentos para llevar a otros compatriotas al Señor. Como resultado, el número de creyentes chinos se ha multiplicado bajo la persecución.

¿Y nosotros, qué? ¿Nos estamos preparando para las tormentas de sufrimientos, o nos sorprenderán éstas sin recursos? La mejor manera de prepararnos consiste en la profundización de nuestra vida espiritual, es decir, la profundización de nuestra vida en el Espíritu.

La llenura del Espíritu no es cosa que ocurre una sola vez: es una experiencia continua. Cuando Pablo dijo: "Sed llenos del Espíritu" (Efesios 5:18), quiso decir que debíamos experimentar la llenura del Espíritu continuamente. Debemos aprovechar estos almacenes de recursos espirituales que están a nuestra disposición en todo momento. Cuando nos hagan falta los recursos, ahí estarán a nuestro alcance.

Así que, esté preparado. Cuando llegue el día malo, no tenemos que depender de las circunstancias, sino más bien de los recursos de Dios.

13

**Cómo ayudar a
los que sufren**

> *Para dar consuelo no hace falta decir mucho. Basta con escuchar, comprender y amar.*
>
> Paul Tournier

UN FILOSOFO ANTIGUO, QUE LLEGO A SER el hombre más sabio de su época, escribió lo siguiente: "Mejores son dos que uno; porque tienen mejor paga de su trabajo. Porque si cayeren, el uno levantará a su compañero; pero ¡ay del solo! que cuando cayere, no habrá segundo que lo levante" (Eclesiastés 4:9-10).

Los que sufren son personas que se sienten solas. Puede parecerles que todo el mundo sigue adelante y que a nadie le importa su condición. Se ha dicho que la soledad es la enfermedad de nuestra época. La soledad se queda en la cama del hospital y acompaña a la mujer cuyo esposo pasa más tiempo en el trabajo que en casa. La soledad afecta al esposo o a la esposa divorciados y también a los hijos que dejan atrás. La soledad aísla a los ancianos y anula la personalidad del pobre. Las ciudades con harta frecuencia son los lugares más solitarios del mundo.

David Jeremiah escribió lo siguiente: "¿Qué es la soledad? Hay quienes la definen en términos físicos. Es un sentimiento de vacío en lo profundo del estómago, que casi llega al punto de convertirse en náuseas. Otros dicen que es una ansiedad oculta, como un hoyo negro y muy hondo. Algunos afirman que se trata de un dolor agudo en los momentos de angustia o de separación. Para otros es un largo período de tensión, el cual los agota hasta el punto de dejarlos desanimados y vencidos".[1]

Aquellos que se sienten solos y que están sufriendo, necesitan de alguien que los ayude a levantarse; alguien que los anime, que les dé apoyo, y que les haga saber que no están solos. ¿Quiénes son los ayudadores, los consoladores, para los momentos en que estamos sangrando y nos hace falta una transfusión de amor?

El hecho de que Dios sea nuestro Consolador no nos exime de nuestra responsabilidad. Dios nos ha encomendado una tarea especial. El apóstol Pablo dijo: "Bendito sea el Dios y Padre de nuestro Señor Jesucristo, Padre de misericordias y Dios de toda consolación, el cual nos consuela en todas nuestras tribulaciones, para que podamos también nosotros consolar a los que están en cualquier tribulación, por medio de la consolación con que nosotros somos consolados por Dios" (2 Corintios 1:3-4)

No hace falta que seamos psicólogos, consejeros entrenados, o ministros para ser consoladores. A todos, en algún momento en la vida, nos toca hacer de consoladores. Hasta un niño puede consolar con una palmada y aun un perro con una lamida.

¿Somos accesibles?

¿Se siente libre una persona que sufre, para contarle a usted sus problemas, llorar sobre su hombro, o pedirle ayuda? ¿O cambiamos el tema, contamos un chiste o citamos un versículo bíblico, para suavizar la situación?

Teri era una joven esposa cuando invitó a Marcia a almorzar. Marcia era una mujer de mayor edad que ella y en pleno ejercicio de su carrera. Teri estaba muy perturbada y necesitada de ayuda. Marcia, sin embargo, tenía que hacer frente a muchos problemas diariamente en su negocio y los hacía a un lado con afirmaciones positivas. En vez de darle acceso a Teri, le respondió con todas las frases gastadas, como: "Si te han dado limones, haz limonada"; o "Miremos el lado positivo del asunto". No es que estén equivocadas estas expresiones, pero lo que necesitaba Teri era a alguien que la ayudara a reponerse, no que le saliera con perogrulladas que la hicieran sentirse culpable por estar desanimada.

Si la gente se siente segura revelándonos sus problemas, lo más probable es que seamos accesibles. La confidencialidad es esencial para que confíen en uno. Si nuestros amigos no cristianos no tienen confianza en nosotros para comunicarnos sus aflicciones, puede que nunca podamos abordarles con su necesidad de Jesucristo.

¿Está usted disponible?

"Cuando perdí a mi esposo me tropecé con personas que hacía años que me conocían, pero, en el mercado, se hacían los que no me habían visto, o caminaban por la acera opuesta si veían que yo me acercaba. Me sentía como si tuviera lepra". Así describió una mujer el hecho de sentirse marginada, en un momento en que necesitaba con quién hablar y quién la consolara. Cuando una persona evita a otra intencionalmente, lo que ocurre es que la primera no sabe qué decir. Es una falta de sensibilidad hacia la otra persona. No tenga temor de acercarse a alguien que esté sufriendo. Si la persona no desea hablarle del asunto, usted se dará cuenta. Pero lo más probable es que desee que alguien le escuche. Por dentro puede ser que esté como el salmista, que dijo: "Mírame, y ten misericordia de mí, porque estoy solo y afligido" (Salmo 25:16).

> *La confidencialidad es esencial*
> *para que confíen en uno.*

No es fácil estar disponible, porque requiere tiempo; pero el tiempo que empleamos en los demás, por corto que sea, puede traer enormes beneficios para la vida de otra persona.

No es tan importante lo que digamos para consolar a la persona que sufre, lo que cuenta es el interés que mostremos hacia ellos y que estemos disponibles.

Cuando el padre de mi esposa murió, su madre quedó incapacitada por causa de un ataque de apoplejía, no podía moverse de su silla de ruedas y se le dificultaba el habla. Amigos y vecinos la visitaban para consolarla. Los que menos hablaron fueron los que más la consolaron. Fueron otras viudas. Se limitaron a abrazarla y a llorar un poco con ella. Y así mi suegra recibió consuelo. Un día vino un grupo de estudiantes de un colegio universitario de la ciudad. Se sentaron alrededor de ella y, con acompañamiento de una guitarra, cantaron himnos. Nada más.

Phillip Yancey cuenta acerca de un hombre que no pronunció palabra, cuando se enteró de una tragedia ocurrida en una familia y, sin embargo, escribió volúmenes. "Se cuenta una historia sobre Beethoven, quien no era célebre por su sociabilidad. Por el hecho de que era sordo, el diálogo con los demás se le hacía difícil y humillante. Cuando se enteró de la muerte del hijo de un amigo, Beethoven, lleno de pesar, se apresuró por llegar a su casa. No tenía palabras de consuelo que pronunciar. Pero vio que en el salón había un piano. Por espacio de media hora tocó aquel piano, vertiendo sus emociones de la forma más elocuente que le fue posible. Cuando terminó de tocar se marchó. Más adelante su amigo afirmó que ninguna visita había sido tan útil como la suya".[2]

Durante la Guerra del Golfo Pérsico, Isaac Stern tocaba el violín en Tel Aviv, acompañado por la sinfónica. Repentinamente comenzaron a sonar las sirenas, que avisaban a todos de un ataque de proyectiles teledirigidos desde Irak. El gobierno israelí, temiendo un ataque con gases venenosos, había entregado caretas protectoras a toda la población. Y sucedió que, en medio del concierto, el público se puso sus caretas. Todos menos el maestro. No es fácil olvidar aquel cuadro que apareció en las pantallas de televisión: Isaac Stern tocando una música que procedía de las fibras más profundas de su ser, ante un auditorio de caras ocultas por las caretas protectoras.

Estar disponible no es una declaración, es una acción.

No aumente el dolor

A veces, en lugar de ayudar a aquellos que sufren, somos un impedimento para ellos. Podemos herir a los demás con intención o sin ella. A algunas iglesias se les acusa de "dispararles a sus heridos". Esto puede ocurrir cuando, por ejemplo, se le echa a un solo cónyuge toda la culpa del divorcio. Cuando un hijo se descarría y hacen que los padres se sientan culpables. Un hombre de negocio se declara en bancarrota y los demás empiezan a dudar de su honradez. Hay un sin número de formas en las que podemos aumentar el dolor de los demás.

Tony se había caído de un techo y se había fracturado el cuello. Hubo que esperar más de una semana para saber si iba a quedar totalmente paralizado. Tenía muy mal aspecto, por el hecho de que le habían pasado por el cráneo varillas de metal, estaba rodeado de sacos de arena, y su rostro se hallaba amoratado e inflamado. La familia temía por la salud de su padre y tenía necesidad de que les dieran apoyo amoroso. Una de las hijas dijo:

"Algunos miembros de la iglesia vinieron a visitar a papá, pero, por la impresión que recibieron al verlo, se marcharon pronto. Me dieron una palmada en el hombro y luego se dirigieron hacia la puerta lo más rápido que les fue posible. Nos parecía que hacían la visita porque "ese era su deber".

Pero lo visitaba un hombre que no era cristiano. Se trataba de un inmigrante pobre, con poca facilidad de palabra, pero un hombre a quien papá le había hablado del Señor. El entraba al cuarto y sólo decía: "Yo sé que tu Dios cuidará de ti". Miraba a papá, le daba una palmada en la mano y se marchaba. Pero venía diariamente y siempre decía lo mismo. El nos consoló porque compartió con nosotros la fe que todos sabíamos que tenía papá".

Florecemos cuando son bondadosos con nosotros y cuando no lo son, nos secamos. Pocos cristianos son crueles intencionalmente, pero algunos no se dan cuenta del efecto que puede causar la expresión de su cara o el tono de su voz. Alguien ha dicho: "El gesto más fino que podemos tener con nuestro Padre celestial consiste en ser amables con uno de sus hijos". Esta es una verdad muy grande. Yo sé cómo me siento cuando alguna persona es amable con uno de mis hijos.

El chisme es otra forma de perjudicar a los demás. Hay un lema que dice: "Que aquel que no esté presente siempre se sienta seguro con nosotros". Este lema debemos recordarlo. Aun en las reuniones de oración.

Aumentamos el dolor de otro cuando le criticamos. Las críticas hacen que la gente se marchite, nuestros hijos en particular. Ellos necesitan que les guiemos, pero la crítica constante les aniquila el espíritu y la capacidad para el éxito.

Es probable que el doctor James Dobson, en la actual sociedad, sea la persona que ha ayudado a mayor número de padres y maestros a entender la forma de criar a los hijos en el camino en que deben andar. En su clásico titulado *Atrévete a disciplinar*, dice lo siguiente: "Con harta frecuencia nuestra instrucción paternal consiste en un millón de prohibiciones que le empujamos garganta abajo a nuestros hijos. Hay que emplear más tiempo recompensándolo por la conducta que admiramos en él, aunque la recompensa que le demos no sea otra cosa que un sincero cumplido. Teniendo presente la necesidad que tiene el niño de autoestima y de aceptación, el padre sabio puede satisfacer esos importantes anhelos, mientras que a la vez los utiliza para enseñar conceptos útiles y buen comportamiento".[3]

En la oración que David hizo en favor de su hijo Salomón, dijo: "Y se orará por él continuamente; todo el día se le bendecirá" (Salmo 72:15). ¡Qué magnífica sugerencia para los padres! Orar continuamente y elogiar a diario. Dejar de hacerlo causa daños irreparables.

Una de las formas más comunes de herir a los demás es no darles estímulo. Tantos dolores nos causan las circunstancias y el mundo, que nos hace falta el continuo puntal del estímulo.

Mi madre fue uno de mis grandes alentadores. En mi libro titulado *Enfrentando la muerte,* (Editorial Unilit) dije: "Mamá siempre me decía que predicara el evangelio y que mi predicación debía ser sencilla. Dos semanas antes de irse a la presencia del Señor, me amonestó con las mismas palabras. Le dije: 'Mamá, voy a predicar su nacimiento, su muerte y su resurrección. Y lo haré hasta que Jesús regrese'.

"Me apretó la mano y me dijo: 'Lo sé'.

"Qué bendición tan grande es que los padres crean en sus hijos".

Otra forma en que herimos a la gente es cuando nos mantenemos demasiado ocupados. Tan ocupados que no vemos sus necesidades. Tan ocupados que no enviamos esa nota de consuelo, aliento o de confirmación de nuestro amor. Tan ocupados que no podemos prestarle atención a alguien que necesita hablarnos. Tan ocupados que ni siquiera nos interesamos en los demás. Cuando Alan Redpath pastoreaba la iglesia Moody, en Chicago, tenía en la pared de su estudio el siguiente dicho: "Cuídense de la esterilidad de una vida demasiado ocupada".

Es asombroso cómo podemos herir a los demás, en particular a las personas más allegadas a nosotros. Vemos a diario los ejemplos de las formas sutiles y también directas en que las esposas empequeñecen a sus esposos y viceversa. Me contaron un divertido incidente sobre una esposa que constantemente regañaba a su esposo porque éste estaba algo pasado de peso. Estaban cenando en una casa donde había otros invitados a la mesa. La anfitriona sirvió el postre, una crema de chocolate deliciosa. La esposa lo contempló, agarró el salero, que se había quedado sobre la mesa, y le echó sal al postre de su esposo. "Ahora no serás tentado", dijo ella relamidamente. Me enteré más tarde de que se habían divorciado.

> *Un vivo sentido del humor nos ayuda a*
> *excusar lo inadecuado,*
> *entendeer lo desacostumbrado,*
> *tolerar lo desagradable,*
> *sobreponernos a lo inesperado,*
> *y superar lo insoportable.*

Un incidente que divirtió sobremanera a Ruth durante su niñez, fue cuando dos misioneros tuvieron que atravesar Shanghai y hospedarse en el "Hogar Misionero", administrado en aquel entonces por dos damas inglesas. La doctora Patterson, señora bastante gruesa, era doctora en medicina. Su esposo era un hombre delgado y endeble. No andaba bien de salud, puesto que era alérgico a determinados alimentos. La señora que administraba el Hogar se indignaba cada vez más, al darse cuenta de que cada vez que se le servía al señor Patterson algún plato apetitoso, su esposa se lo quitaba rápidamente y se lo comía ella. El señor Patterson tenía excelente sentido del humor. Un día en que ya el postre estaba servido, para divertir y deleitar a la dama inglesa, él, con ojos centelleantes, se lo engulló antes que su esposa pudiera protestar; aunque él sabía que le iba a hacer daño y que más tarde tendría que pagar por lo que había hecho.

Un vivo sentido del humor nos ayuda a excusar lo inadecuado, entender lo desacostumbrado, tolerar lo desagradable, sobreponernos a lo inesperado, y superar lo insoportable.

Nunca ganamos nada en la vida por perjudicar a los demás. A veces intentamos elevar nuestro ego inseguro procurando empequeñecer a los que nos rodean. Pero esto sólo produce un falso sentido de valía personal.

La Biblia nos enseña que debemos preocuparnos más por las necesidades y los sentimientos de los demás que por los nuestros. Debemos animar y ayudar a elevar el nivel de confianza en sí mismos de nuestros seres queridos, amigos y compañeros de trabajo. Un verdadero siervo de Dios es aquel que ayuda a otra persona a tener éxito. "Por lo cual, animaos unos a otros y edificaos unos a otros" (1 Tesalonicenses 5:11). Alguien ha dicho: "Nunca es demasiado temprano para decir algo bueno, porque nunca sabes cuán pronto ha de ser demasiado tarde".

Sobrellevad los unos las cargas de los otros

Bob Pierce era un hombre que sabía por experiencia propia lo que significaba llevar las cargas de otros. Fue uno de los hombres más extraordinarios que he conocido: gran filántropo evangélico, uno de los fundadores de Juventud para Cristo, y fundador de la Bolsa del Samaritano, organización que en la actualidad dirige mi hijo Franklin. Yo amaba y admiraba a este hombre tan maravilloso. El era amigo de la gente "insignificante" de este mundo, de los olvidados, de los que sufrían, en fin, de todos aquellos sobre los que se habla y se canta sólo en los portales celestiales.

En cierta ocasión Bob le dijo a mi hijo Franklin: "El único criterio que empleo para determinar si debo participar en algo o no, es el siguiente: '¿Lo haría Jesús? ¿Quiere Dios que esto se realice?' A fin de cuentas, lo puedo resumir con lo que escribí en mi Biblia, en la isla de Kojedo: 'Que mi corazón se quebrante con las cosas que quebrantan el corazón de Dios'".

> *Es muy fácil dar*
> *para obras de caridad o para un ministerio*
> *y sentir satisfacción en ello.*
> *Pero no es tan fácil socorrer*
> *a otro personalmente.*

Recuerdo una anécdota acerca del doctor Bob Pierce, que ilustra la capacidad de llevar las cargas de otra persona. El señor "Borneo Bob" Williams fue un misionero que estableció centenares de iglesias en Kalimantan, que en la actualidad pertenece a Indonesia. El doctor Pierce estaba muriendo de leucemia y, sabiendo que sólo le quedaba un corto tiempo de vida, viajó a Kalimantan para despedirse de Borneo Bob. He aquí lo que sucedió:

Mientras se encontraba en Kalimantan, yendo rumbo al río, vio a una niña tendida sobre una estera de bambú. Le preguntó, entonces, a Bob qué hacía la niña allí. Bob Williams le explicó que ella estaba muriendo de cáncer y que le quedaban pocos días de vida. El el doctor Pierce se enojó. "¿Qué hace aquí esta niña acostada sobre el lodo, cuando podría estar allá arriba, en esa cómoda y limpia clínica?", dijo él.

Borneo Bob le explicó que la niña era de la selva y prefería estar cerca del río, donde había más fresco, y que ella había pedido que la dejaran allí durante el día. A Bob Pierce se le quebrantó el corazón. Se acercó a la niña, se arrodilló a su lado, le tomó una mano y, pasándole la mano por la frente, oró por ella. Cuando hubo terminado de orar ella lo miró y le dijo algo. El se volvió hacia Borneo Bob, quien le tradujo lo que la niña le había dicho, haciéndole saber que por el insoportable dolor que le causaba su enfermedad, la niña no podía dormir. "¡Si sólo me fuera posible dormir otra vez!" Bob Pierce se echó a llorar, puesto que él mismo estaba muriendo de leucemia, le quedaba sólo un año de vida y sabía bien lo que era pasar días enteros sin poder dormir. Metió la mano en uno de sus bolsillos y sacó un frasco de píldoras para dormir. Se las entregó a Bob Williams y le dijo: "Cerciórate de que, de ahora en adelante, duerma bien todas las noches". El doctor Pierce sabía que habrían de transcurrir diez días antes que él pudiera ir a Singapur y hacerse de otro frasco de píldoras. El sabía que se iba a pasar diez días sin dormir por haber socorrido a esa niña.[4]

Cuando el buen samaritano halló al hombre a quien habían robado, golpeado y dejado moribundo, él no siguió de largo y luego "reportó el accidente". No llamó a las autoridades, para irse al instante del lugar donde ocurrió el asalto. Tampoco le pagó a otra persona para que fuera a atender al herido. El mismo lo socorrió.

El mismo puso al herido sobre su asno y siguió su camino hacia la ciudad de Jericó. Cuando llegó a la ciudad halló un lugar donde hospedarse y allí, probablemente, atendió al paciente. Al día siguiente, antes de marcharse, le pagó al mesonero para que lo atendiera hasta que se restableciera. Además, le aseguró que todo lo que gastase de más en el herido, se lo pagaría a su regreso.

Esto es lo que significa sobrellevar los unos las cargas de los otros. Es muy fácil dar para obras de caridad o para un ministerio y sentir satisfacción en ello. Pero no es tan fácil socorrer a otro personalmente. Es más fácil dar para beneficiar a uno que se encuentra al otro lado del mar, que llevarle un plato de comida al vecino.

Que Dios nos conceda la sensibilidad para darnos cuenta de las necesidades de los que están a nuestro alrededor y para ayudarles a abastecer esas necesidades.

Ore por los que sufren

Una oración sencilla, una porción de las Escrituras con especial significado para usted, pueden servir de consuelo a una persona que está sufriendo. En la Palabra de Dios es donde hallamos "gracia para el oportuno socorro" (Hebreos 4:16).

En lugar de dar consejos personales, cuanto mejor sería que los cristianos compartieran las promesas del Dios de amor. Es confortante oír las palabras de Dios en momentos de tensión. Si a usted se le hace difícil recordar versículos apropiados, hay buenos libritos que se pueden llevar en el bolsillo o la cartera, que contienen versículos para diversas situaciones.

> *Es confortante oír*
> *las palabras de Dios*
> *en momentos de tensión.*

Recuerdo una época en mi vida, al final de mi adolescencia, en que tuve un amor de estudiante, amor que para mí era muy real. Hasta llegamos a hablar de la boda, aunque ambos éramos demasiado jóvenes. Sin embargo, ella sentía que el Señor la estaba dirigiendo hacia otro joven, quien era uno de mis mejores amigos. Yo sentía que el corazón se me iba a partir en pedazos; entonces busqué el consejo de un ministro amigo mío. El buscó 2 Corintios 1:3-4,6. Este pasaje no sólo nos dice que somos consolados en nuestras tribulaciones, sino también que las pruebas que pasamos nos pueden capacitar para consolar a otros. Esas palabras pronunciadas por el apóstol Pablo me dieron consuelo, así como se lo han dado a muchos. El Señor sabía que ese romance juvenil no era lo que él deseaba para mí, y que en Ruth encontraría a la mujer perfecta para mí.

Las perogrulladas piadosas no son útiles

Una sobredosis de versículos bíblicos fuera de tiempo, puede causar más daño que beneficio. Escuchar versículos que dicen que debemos sentirnos gozosos al pasar por diversas pruebas, cuando uno está atravesando dificultades, puede ser algo así como echar gasolina al fuego o frotar una herida con sal. A la persona le hace falta tiempo para poder asimilar lo que ha sucedido, para determinar el daño sufrido, ya sea físico o emocional, y no oír expresiones tales como: "Dios debe amarte mucho para hacerte pasar por todo esto".

Es menester que nos ganemos la confianza de los demás por escucharles y mostrarles interés de una manera palpable. Tal vez su amigo no conoce al Señor y usted se siente incómodo diciéndole que Dios es el consolador perfecto. Quizás usted diga: "Ojalá pudiera serte más útil. Cuando estés dispuesto, quiero llevarte a almorzar".

Si no encuentra ejemplos personales con los que pueda identificarse con la persona que está pasando por la prueba, siempre tenemos a Jesús, quien es el perfecto ejemplo. A él lo traicionaron. El sabe lo que es sufrir. Usted puede explicarle a su amigo sufriente cómo puede entablar una buena relación con Jesús. Ore para que Dios le dé las palabras adecuadas. Ore para que Dios le muestre la manera correcta de consolar. Ore, no predique sermones.

¿Quiénes son los mejores consoladores?

Aquellos que han sufrido más son los que a menudo están en mejores condiciones de consolar a otros. Conozco a pastores cuyos ministerios han sido enriquecidos mediante el sufrimiento. Por las pruebas que han pasado, ellos han aprendido a identificarse con las dificultades de aquellos que forman la familia de su iglesia.

Aquel que ha padecido la misma clase de sufrimiento es el que está en mejores condiciones de ministrar. Sin embargo, decir: "Yo sé lo que tú sientes", es una afirmación innecesaria y que a menudo está fuera de lugar. Nadie sabe con toda certeza cómo se siente otra persona. Una pareja que había perdido a su hijo mayor en un accidente, procuró consolar a otra pareja que había perdido a su hijo después que éste padeció una larga enfermedad. El consuelo vino por la pérdida de ambas parejas, no por las circunstancias. Es mejor decir: "No sé lo que sientes, no puedo en verdad ponerme en tu lugar, pero así fue como yo recibí consuelo..." Nuestros sufrimientos puede que sean difíciles de soportar, pero nos enseñan lecciones que nos capacitan para ayudar a otros.

> *Nuestros sufrimientos puede que sean*
> *difíciles de soportar,*
> *pero nos enseñan lecciones*
> *que nos capacitan para ayudar a otros.*

Sólo el Espíritu de Dios puede de veras sanar a un corazón quebrantado. Sin embargo, nosotros podemos tomar parte en el proceso de restablecimiento de la persona. No hay que ser sacerdote, ministro, consejero profesional o psiquiatra, para consolar. Sólo hay que estar disponible, como lo está Cristo para nosotros. Cuando Jesús estaba consolando a sus discípulos antes de su partida, ellos se hallaban confundidos, le hacían preguntas y tenían miedo. El les dijo: "También vosotros ahora tenéis tristeza; pero os volveré a ver, y nadie os quitará vuestro gozo" (Juan 16:22).

No debemos soportar el sufrimiento sólo porque tengamos la idea de que en poco tiempo habrá pasado. Nuestra meta debe ser aprender todo lo que nos sea posible de nuestros problemas, para que podamos realizar un ministerio de consolación, así como lo hizo Jesús. "Pues en cuanto él mismo padeció siendo tentado, es poderoso para socorrer a los que son tentados" (Hebreos 2:8).

Estamos rodeados de personas que están sufriendo. Algunas no lo aparentarán, pero por dentro tienen el alma llena de cicatrices. ¿Somos accesibles y estamos disponibles, aun cuando nosotros mismos estemos sufriendo? Dios no nos consuela para que estemos cómodos sino para que nos convirtamos en consoladores.

14

Escuela para el cielo

> *Cuando no sabéis lo que será maña-*
> *na. Porque ¿qué es vuestra vida?*
> *Ciertamente es neblina que se apare-*
> *ce por un poco de tiempo, y luego se*
> *desvanece.*
>
> Santiago 4:14

EN MILAN, ITALIA, CIUDAD FAMOSA POR SU ARTE, hay una impresionante catedral que tiene inscritos a la entrada varios pensamientos muy significativos. A mano derecha de la puerta hay esculpida una corona de rosas. Debajo de la corona dice: "Todo lo que nos complace sólo dura un instante". A mano izquierda hay una cruz de espinas, también esculpida, al pie de la cual dice: "Todo lo que nos preocupa sólo dura un instante". Sobre la cruz dice: "Lo único que tiene importancia es aquello que es eterno".

Los placeres nuestros son muy breves. Las vacaciones se terminan muy pronto; el traje de moda se gasta; el helado sobre el barquillo se derrite. De igual manera, podemos llegar a creer que nuestro dolor nunca cesará, que las presiones en nuestra vida no tendrán fin. Pero un día, tanto las presiones como el dolor de la vida sobre esta tierra, se acabarán.

Alguien ha dicho que debemos vivir cada día como si fuera el último que nos queda. Porque bien puede ser así. Se cuenta que un grupo de personas estaba sentado en un banco en el aeropuerto de Los Angeles, esperando el autobús interno que los llevaría hasta el estacionamiento donde habían dejado sus automóviles. Los frenos del autobús que se aproximaba falla-ron y éste se les vino encima, causándole la muerte a una señora e hiriendo a otros. El esposo de la víctima, que se hallaba sentado al lado de ella, pudo quitarse a tiempo y así salvó su vida.

Cuando me entero de muertes violentas, me pregunto si las víctimas estaban preparadas para la muerte. Todos los días nos enteramos de sucesos de esta índole; gente que en un instante pasan de esta vida a la otra. La Biblia tiene mucho que decir acerca de la brevedad de la vida y de la necesidad de prepararse para la eternidad. Todos tenemos la necesidad de prepararnos para los exámenes finales que tomaremos en la escuela para el cielo.

No quiero pensar en eso

Cuando Scarlet O'Hara quería evadir una decisión, solía decir: "Mañana pensaré acerca del asunto". Demasiados cristianos se niegan a pensar en la muerte, porque estiman que se trata de un asunto desagradable. La muerte es un arma de Satanás, puesto que sólo el pensamiento de la misma lo utiliza para traer confusión y temor a los corazones de aquellos que tienen que encararse a la misma.

Es necesario que recordemos que la muerte no es de Dios. La muerte es la maldición que sobre este mundo -y sobre todo el universo- trajo el pecado. Pero la buena nueva es que, para el cristiano, la muerte no es el fin. Es sólo otra etapa de la vida. Cuando un cristiano muere, pasa inmediatamente a una vida eterna gloriosa. La Biblia dice: "Sorbida es la muerte en victoria" (1 Corintios 15:54). Estoy convencido de que si la gente le prestara más atención a la muerte, la eternidad y el juicio, se viviría más santamente en la tierra.

Por estar rodeados de la violencia y la destrucción de la era actual, la muerte nos sale al paso en todas partes, pero nunca nos parece real hasta que nos vemos cara a cara con ella, o le tomamos la mano a alguien que está pasando a la eternidad.

El cristiano sabe que tiene vida eterna: "Y este es el testimonio: que Dios nos ha dado vida eterna; y esta vida está en su Hijo. El que tiene al Hijo, tiene la vida; el que no tiene al Hijo de Dios no tiene la vida" (1 Juan 5:11-12).

Aquellos que no tienen a Jesucristo en sus corazones han de pasar la eternidad separados de Dios. La Biblia tiene mucho que decir acerca del infierno, aunque hasta hace poco este tema había desaparecido de nuestros púlpitos. Una revista importante informó que el asunto del infierno está regresando con ímpetu al pensamiento estadounidense.

Una encuesta mostró que, de los estadounidenses más jóvenes (entre dieciocho y veintinueve años), ochenta y cuatro por ciento creía en el cielo, y setenta y uno por ciento, en la existencia del infierno. Los estadounidenses de mayor edad no variaban mucho. Setenta y cuatro por ciento creía en el cielo, y cincuenta y cuatro por ciento, en la existencia del infierno. Informaron, también, que tres de cada cinco estadounidenses en el presente creían en el infierno. Este es un aumento considerable en comparación con otras encuestas hechas en años anteriores. ¿Por qué ha sucedido esto? Martin Marty, cronista de tendencias religiosas estadounidense, dijo: "Si las personas de veras creyeran en la existencia del infierno ... estarían ocupadas en la tarea de rescatar a los demás".[1]

Muchos que reaccionan con cinismo ante la fe cristiana, piensan seriamente en la vida y la eternidad. La misma encuesta que mencionamos reveló que sesenta y uno por ciento de aquellos que afirmaban no tener ninguna creencia religiosa, creían que iban al cielo; y ochenta y tres por ciento de los que asisten a la iglesia creían que iban al cielo.

Hemos visto a miles de personas que hace años asisten a la iglesia, aceptar a Cristo por primera vez. Alguien ha dicho que por haber nacido en un garaje uno no es un automóvil. Corrie ten Boom solía decir que "un ratón metido en una jarra de galletas no es una galleta".

La escuela para el cielo tiene maravillosas asignaturas y maestros alentadores. Algunas de estas asignaturas debían ser obligatorias.

¿Está su casa en orden?

Si aceptamos que un día, tarde o temprano, tendremos que hacerle frente a la muerte, ¿no debiéramos estarnos preparando mientras estamos vivos? Un rey de Israel llamado Ezequías se encontraba muy enfermo. El profeta Isaías lo visitó y le dijo: "Ordena tu casa, porque morirás" (Isaías 38:1).

Yo no soy profeta, pero admito que Isaías le dio un buen consejo al rey. Demasiadas personas no se habían ocupado de poner su casa en orden, y, como resultado, aquellos que les sobreviven se ven con cargas añadidas a su dolor. Desde un punto de vista práctico, si tenemos posesiones materiales, ¿hemos hecho un testamento? ¿Cuándo lo hicimos? Los testamentos deben actualizarse periódicamente, a medida que los niños crecen y las circunstancias cambian. Cuando mi suegro, el doctor Nelson Bell, falleció, su documentación estaba tan ordenada, que no hubo confusión de ninguna clase. El fue para mí una gran inspiración, tanto en vida como en su preparación para la muerte.

¿Cuánto tiempo nos queda de vida? Al rey Ezequías le prolongaron la vida por quince años. A muchos de nosotros nos retrasan la muerte. Puede ser que el médico diga: "Usted probablemente ha de vivir veinte años más". Quizás Dios no ha terminado con nosotros todavía. Pero ni siquiera los conocimientos médicos más avanzados pueden ayudarnos a determinar cuánto tiempo habremos de vivir.

La Biblia nos enseña que Dios sabe el momento exacto en que cada persona ha de morir. "En tu libro estaban escritas todas aquellas cosas que fueron luego formadas, sin faltar una de ellas" (Salmo 139:16). Y en Job 14:15, dice: "Ciertamente sus días están determinados, y el número de sus meses está cerca de ti: le pusiste límites, de los cuales no pasará".

Nuestros días están contados. Una de las metas principales de nuestra vida debería ser el prepararnos para el día en que nos toque a nosotros. El legado que dejamos debe ir más allá de nuestras posesiones materiales; debe constar, ante todo, de la calidad de nuestra vida. ¿Qué clase de preparación debemos realizar en la actualidad? La mayor pérdida en el mundo, la cual no puede recuperarse, es el desperdicio del tiempo que Dios nos ha dado cada día.

Minutos preciosos de oportunidad

La Biblia nos dice: "Mirad, pues, con diligencia cómo andéis, no como necios sino como sabios, aprovechando bien el tiempo porque los días son malos" (Efesios 5:15-16). Si supiéramos que el día de hoy sería el último que habríamos de pasar en este mundo, ¿qué oportunidades aprovecharíamos? ¿Llamaríamos al amigo que está sufriendo? ¿Pediríamos perdón a la persona a quien habíamos herido? ¿Alentaríamos al jóven que está batallando con la escuela o con el trabajo? ¿Le haríamos saber a nuestro cónyuge, a los hijos, o a nuestros padres, cuánto les amamos? Pero ante todo, ¿le hablaríamos a alguien acerca de Jesucristo y de cómo hallar la vida eterna mediante él? ¿Cómo utilizaríamos las últimas veinticuatro horas de nuestra vida?

> *La mayor pérdida en el mundo*
> *es el desperdicio del tiempo*
> *que Dios nos ha dado cada día.*

Una mujer que supo la hora exacta en que iba a morir se llamó Velma Barfield. Velma fue hallada culpable de asesinato. Había cometido crímenes horrendos cuando se hallaba bajo la influencia de diversas drogas. Se encontraba en una cárcel altamente vigilada, en espera del juicio, cuando oyó a un evangelista radial decir que, a pesar de lo que había hecho, Jesús la amaba y deseaba entrar en su corazón y darle un espíritu nuevo. Aunque ella había oído ese mensaje durante toda su vida, lo comprendió por primera vez. Velma se convirtió en una nueva criatura en Cristo mientras que esperaba la sentencia de muerte.

Durante los seis años siguientes, mediante el amor de personas que tenían interés en su vida espiritual, Velma creció en el conocimiento de Dios. Durante esta época ella le escribió a mi esposa Ruth, y comenzaron a comunicarse por cartas. Anne, nuestra hija, vive en la ciudad donde Velma estaba presa. Ella la visitó y estuvo presente cuando la ejecutaron, en 1984.

Velma Barfield ejerció una influencia positiva en muchas personas, tanto dentro como fuera de la prisión. Anne nos comunicó: "En tres ocasiones distintas Velma me dijo: 'Si yo tuviera que escoger entre vivir en libertad sin mi Señor, o estar sentenciada a muerte, pero con Cristo, preferiría esto último'. A medida que se acercaba el día de su ejecución (2 de noviembre), el creciente deseo de ver el rostro de su amado Señor le había quitado el aguijón del temor". [2]

Mi hija y mi esposa me dijeron que Velma había estado orando durante un año y medio, para que se produjera un avivamiento entre la población del penal. Un mes después de su ejecución tuve la oportunidad de dirigir un culto en esa misma prisión. En esa ocasión, entre reclusos y empleados, 210 personas respondieron a la invitación de recibir a Cristo. Después del culto entré a la celda donde Velma había estado recluida por espacio de tres años. Me encontré a los reclusos, los cuales sabían que yo venía a la celda, con sus Biblias abiertas, viendo un programa de nuestras cruzadas por televisión. El testimonio de Velma, aún después de su muerte, seguía permeando el lugar donde había vivido. En el presente todavía se celebra un estudio bíblico de mujeres, como resultado de la vida de Velma.

¡Qué oportunidad!

La escuela para mí no fue un paseo. Me costaba trabajo estudiar; y la hora de los exámenes me aterrorizaba. Pero mi diploma era igual que el del alumno que sacó las mejores notas. Quizás el suyo tenía más cintas de colores que el mío, pero me gradué al igual que él.

La vida es una escuela gloriosa que nos prepara para la graduación. Puede ser que sea muy dura y que suspendamos algunos de los exámenes. Pero vale la pena toda la preparación que obtengamos, por la recompensa que recibiremos al final.

La asignatura que tuvo que cursar Fanny Crosby fue muy difícil. Se quedó ciega durante su infancia por la negligencia de un médico. En compensación por la pérdida de la vista, ella desarrolló agudamente otros sentidos. Y se convirtió en una de las himnólogas más grandes de todos los tiempos. Uno de sus más bellos himnos, titulado "Cara a cara espero verle", tal vez jamás se hubiera escrito si no hubiese sido por el hecho de que ella nunca había visto los campos reverdecidos, una puesta del sol, o el rostro de su madre. La pérdida de la vista fue lo que le ayudó a desarrollar su formidable discernimiento espiritual.

La Biblia al día dice: "De todas maneras, estos problemas y estos sufrimientos nuestros son pequeños y no se prolongarán demasiado. Y este breve y momentáneo período de tribulación redundará en abundantes y eternas bediciones de Dios para nosotros" (2 Corintios 4:17 B.D.)

Todavía me acuerdo de cuán largo me parecía el año escolar. ¿Llegarían algún día las vacaciones de verano? ¿Se acabarían los exámenes finales? El verano siempre vino, y los exámenes finales siempre terminaron. La vida es sólo una escuela que nos da la gloriosa oportunidad de prepararnos para la eternidad. Si fracasamos en esto, aunque hallamos tenido éxito en todo lo demás, nuestra vida habrá sido un fracaso.

¿Qué es la muerte?

La pregunta, "¿En qué consiste la vida?, la formulan frecuentemente los jóvenes, por el hecho de que acaban de comenzar a vivir. Pero raras veces oímos a la gente preguntar: "¿En qué consiste la muerte? Y, sin embargo, la una le sigue a la otra. En la obra *El rey Lear,* Shakespeare dice: "El temor a la muerte es peor que la muerte misma".

Yo he tenido que hacerle frente a la muerte en numerosas ocasiones, y mi reacción ante ésta nunca ha sido la misma. En una ocasión me sometieron a una operación que casi pone fin a mi vida. Yo estaba consciente de la seriedad del asunto, por lo que hice venir a dos de mis mejores amigos, antes que me introdujeran en el quirófano, y les di instrucciones tocantes a mi esposa, mi familia y mi ministerio. Ruth se había ido para estar con los niños. Hice lo posible para que ella no se enterara de la seriedad de la situación. Si hice o no lo correcto, no lo sé. Por lo menos sobreviví para contarlo.

Recuerdo que había dos sentimientos que en mí predominaban. En primer lugar, la paz total que me embargaba, de saber que iba a estar con mi Señor Jesucristo. En sugundo lugar, el temor de separarme de mis seres queridos. Yo estaba seguro de que iba a morir.

Pero el Señor no había terminado conmigo. La muerte, para el cristiano, no es un accidente. La Biblia dice: "Estimada es a los ojos de Jehová la muerte de sus santos" (Salmo 116:15).

¿Qué puede tener de estimable la muerte? Cuando un niño o un joven muere, la tragedia parece ser aun mayor que si hubiera muerto alguien que ha tenido una larga vida. La gente comienza a preguntarse por qué permite Dios estas cosas. ¿Cree usted que Dios, que conoce a cada gorrión y que sabe el número exacto de nuestros cabellos, le va a dar la espalda a uno de sus hijos en la hora de la prueba?

Pablo vivió la mayor parte de su vida al borde de la muerte. Cuando su cansado y magullado cuerpo se debilitaba por el castigo que le habían propinado, él dijo: "Porque sabemos que si nuestra morada terrestre, este tabernáculo, se deshiciere, tenemos de Dios un edificio, una casa no hecha de manos, eterna, en los cielos" (2 Corintios 5:1).

Uno de mis queridos amigos perdió a un hijo de dieciocho años en un accidente aéreo. En la lápida sepulcral se podía leer la siguiente inscripción: "Para mí el vivir es Cristo, y el morir es ganancia" (Filipenses 1:21).

¿Qué es la muerte? Para el cristiano, la muerte es un amigo antes que un enemigo. Es un paso más en la senda que lleva al cielo antes que un salto en la oscuridad desconocida.

¿Cómo sabemos que hay vida después de la muerte?

Si nunca hemos muerto, ¿cómo sabemos que hay esperanza de vida eterna? ¿Podemos estar seguros de que hay vida después de la muerte? ¡Claro que sí! Hay un hecho grandioso que le da seguridad al cristiano ante la muerte: la resurrección de Jesucristo. Esta verdad es el fundamento de nuestra creencia, de nuestro vivir y de nuestra esperanza. La resurrección de Cristo es el evento más importante en toda la historia.

> *Por haber Cristo resucitado de los muertos,*
> *sabemos que hay vida después de la muerte,*
> *que si le pertenecemos a él,*
> *no tenemos que temerle a la muerte.*

Uno de los grandes eruditos bíblicos fue mi amigo Wilbur Smith. El escribió:

Si usted y yo le dijéramos a un grupo de amigos que esperamos una muerte, ya sea violenta o natural, en un día determinado, pero que, tres días después, nos levantaríamos de entre los muertos, nos llevarían directamente a un manicomio y nos tendrían allí hasta que recuperásemos la razón.

Esta forma de proceder sería la correcta, puesto que sólo un tonto se pondría a anunciarle a la gente que iba a resucitar de los muertos al tercer día; sólo un tonto haría esto, a no ser que él supiera a ciencia cierta que esto iba a suceder. Pero nadie en este mundo ha podido estar seguro de que algo semejante le fuera a suceder, con la sola excepción de Cristo, el Hijo de Dios".[3]

Por el hecho de que Cristo resucitó de los muertos, sabemos que el pecado, la muerte y Satanás, han sido derrotados. Por haber Cristo resucitado de los muertos, sabemos que hay vida después de la muerte, y que si le pertenecemos a él, no tenemos que temer a la muerte. Jesús mismo dijo: "Yo soy la resurrección y la vida; el que cree en mí, aunque esté muerto, vivirá. Y todo aquel que vive y cree en mí, no morirá eternamente" (Juan 11:25-26).

Los cristianos no mueren: continúan viviendo en otra dimensión, en un lugar tan maravilloso que sólo intentaré describirlo en el próximo capítulo. Y, a propósito, en eso consiste la vida después de la muerte: en otro capítulo de nuestra biografía personal, escrito por "Jesús, el autor y consumador de la fe" (Hebreos 12:2).

Alguien ha dicho que la muerte no es un punto sino una coma en el relato de la vida.

La muerte es la coronación del cristiano

Había una vez un príncipe que se fue a una tierra lejana para pelear contra un enemigo feroz. Conquistó al enemigo, que era una amenaza para su país, y volvió a su tierra, donde fue coronado y se le rindió honor por su hazaña. ¡Fue una espléndida coronación!

La Biblia dice que mientras que estemos aquí en la tierra, somos extranjeros en tierra extraña. Hay enemigos que debemos conquistar antes de volver a nuestro hogar. Este mundo no es nuestro hogar; nuestra ciudadanía está en el cielo.

Se acerca el día en que todo cristiano tendrá que comparecer ante Dios y dar cuenta de la forma en que ha utilizado los dones que Dios le ha otorgado. Ha de ser el momento de la verdad para todo creyente. Hay diversas clases de coronas, y se otorgarán según la calidad del trabajo que hayamos realizado aquí en la tierra.

Para aquellos que han soportado pruebas y sufrimientos pacientemente, les está reservada la corona especial de la vida. En Santiago 1:12 dice: "Bienaventurado el varón que soporta la tentación; porque cuando haya resistido la prueba, recibirá la corona de vida".

Para aquellos que creen que las únicas recompensas codiciables son las que se pueden obtener con dinero, recibirán varias sorpresas en el cielo, cuando vean quiénes van a recibir algunas de las coronas especiales.

La muerte es un descanso

El pueblo de Dios no tiene mucho descanso aquí en la tierra. El término "fundido" ("burn-out" en inglés) se ha escuchado con mayor frecuencia en estos últimos años. Hay personas que logran más en pocos años que lo que otros realizan en toda su vida; pero su trabajo un día terminará. La Biblia dice: "Por tanto, queda un reposo para el pueblo de Dios. Porque el que ha entrado en su reposo, también ha reposado de sus obras, como Dios de las suyas" (Hebreos 4:9-10).

Puede ser que descansemos un poco aquí en la tierra, pero el descanso celestial ha de ser tan refrescante que jamás volveremos a sentir el agotamiento mental y físico que con tanta frecuencia sentimos en el presente. Yo aguardo, entusiasmado, ese momento.

La muerte es una partida

Ruth y yo nos hemos despedido muchas veces desde que nos casamos. A veces nos separaban los océanos y las diferencias de la hora. Cuando nos separamos siempre siento tristeza, porque ella es la persona que más yo amo en este mundo. Pero nos separamos con la esperanza de volvernos a encontrar.

El término "partir" significa ponerse en camino, marcharse. Todo lo que sucede antes de la muerte es la preparación para esa partida final. La muerte marca el principio, no el fin. Se trata del viaje que nos lleva a la presencia de Dios.

El cristiano tiene esperanza al estar junto a la tumba de un ser querido que se ha ido con el Señor, puesto que sabe que esa separación no es para siempre. Es una verdad gloriosa el hecho de que aquellos que están en Cristo nunca se ven por última vez.

Un poeta dijo:

> Deséame ¡*Bon Voyage!*
> Como se le hace a un amigo
> Cuya gozosa visita llega a su feliz fin.
> Y dime tanto ¡*a Dieu!*
> Como ¡*au revoir!*
> Porque, aunque no volveré más,
> Allá estaré esperando para saludarte,
> A la puerta del Señor.[4]

La muerte es una transición

Cuando el ex presidente John Quincy Adams contaba ochenta años, se reunió con un viejo amigo, quien le estrechó la temblorosa diestra y le dijo: "Buenos días. ¿Cómo está hoy John Quincy Adams?"

El jubilado primer mandatario lo miró por un instante y luego dijo: "John Quincy Adams está muy bien, señor, muy bien, pero la casa en la que él habita en el presente se está deteriorando. Se tambalea sobre sus cimientos. El tiempo y sus estaciones la tienen casi destruida. El techo está bastante gastado. Las paredes se han roto y con cada viento que sopla la casa se va desplomando. La casa se ha hecho inhabitable y me parece que John Quincy Adams pronto se tendrá que mudar de aquí. Sin embargo, señor, él mismo ¡se encuentra bien, muy bien!"

Poco tiempo después de esta conversación, sufrió su segunda apoplejía, y John Quincy Adams se mudó de su maltrecho tabernáculo, como él lo llamaba, para la casa no hecha con manos.

Para el cristiano, la muerte es como mudarse de una tienda a un edificio. Si nuestra tienda terrenal se está desintegrando, o si tiene muchas imperfecciones en su estructura, un día nos darán el derecho de propiedad de una casa que jamás ha de deteriorarse.

Joni Eareckson Tada podrá caminar y correr otra vez. Hellen Keller podrá ver y oír. El niño que murió de cáncer tendrá mejillas rosadas y un cuerpo saludable. El hombre que quedó paralítico por causa de la artritis, podrá pararse derecho. La mujer que quedó desfigurada por el terrible accidente automovilístico, tendrá un rostro sin marca alguna. Todo lo que procuramos cambiar, pintar y corregir aquí en la tierra, ha de tener una nueva y gloriosa apariencia. Sin embargo, en nuestros cuerpos celestiales, nos reconoceremos.

La muerte es distinta para el creyente

C.S. Lewis dijo: "He visto mucha belleza de espíritu en algunos que sufrieron mucho. He visto a los hombres, en la mayoría de los casos, hacerse mejores, no peores, a medida que han avanzado en años; y he visto a la última enfermedad producir tesoros de fortaleza y mansedumbre en sujetos de quienes no se esperaba".[5]

La muerte de un creyente, es sin dudas, diferente. Por eso no es extraño que Pablo haya dicho que él tenía "deseo de partir y estar con Cristo, lo cual es muchísimo mejor" (Filipenses 1:23).

He tenido la oportunidad de conversar con médicos y enfermeras que han sujetado las manos de pacientes moribundos. Me han dicho que a menudo hay tanta diferencia entre la muerte de un creyente y la de un incrédulo, como la que existe entre el cielo y el infierno.

Las palabras que han pronunciado creyentes antes de ir al cielo han sido de inspiración para mí. Mi abuela se sentó en la cama, sonrió, y dijo: "Veo a Jesús extendiéndome la mano. Y ahí está Ben, y no le faltan el ojo y la pierna". (Mi abuelo Ben había perdido una pierna y un ojo en la batalla de Gettysburgo.)

Juan Knox dijo: "Vive en Cristo, muere en Cristo, y la carne no tiene por qué temerle a la muerte".

Juan Wesley dijo: "Lo mejor de todo es que Dios está con nosotros".

Cuando José Everett se estaba muriendo dijo: "¡Gloria! ¡Gloria! ¡Gloria!" Y lo siguió repitiendo por casi media hora. ¿Qué supone usted que le ocurría?

Victor Hugo dijo: "Mientras más me acerco al final, con mayor claridad escucho a mi alrededor las inmortales sinfonías de los mundos que me llaman".

El escritor del himno titulado "Roca de la eternidad", llamado Augusto Toplady, estaba triunfante en su lecho de muerte, a la edad de treinta y ocho años. "En mi alma ya estoy disfrutando el cielo", afirmó él, "todas mis oraciones se han convertido en alabanzas".

El Reverendo R.Porteous y su esposa fueron tomados como prisioneros por bandidos comunistas de China, en 1931. Fueron trasladados a un sitio solitario sobre una montaña, para ser ejecutados. El líder dijo: "Este es el sitio". El verdugo tomó un largo cuchillo, y lo levantó por encima de los cuellos de la valiente pareja. Una muerte segura parecía inminente. Pero en lugar de amedrentarse y de pedir misericordia, la pareja comenzó a cantar. Los bandidos, boquiabiertos, se quedaron mirándolos, mientras que escuchaban este himno:

> En presencia estar de Cristo,
> Ver su rostro, ¿qué será?
> Cuando al fin en pleno gozo
> Mi alma le contemplará.

Estas almas santas estaban preparadas para la muerte y pensaban que éste habría de ser ese útimo himno que cantarían. Pero, para sorpresa de ellos, no se dio la orden de ejecución. Sus verdugos enfundaron el cuchillo y soltaron a la pareja. Después ellos dieron testimonio de la perfecta paz que el Señor les había dado cuando se enfrentaban a la muerte segura.

Jesús nos ha dado la llave

Juan Milton dijo: "La muerte es la llave dorada que abre el palacio de la eternidad". ¿Cómo es ese lugar? ¿Vale la pena morir por el cielo?

15

No más aflicciones

> *Una hora en la eternidad, un momen-*
> *to con el Señor, nos harán olvidar*
> *completamente toda una vida de de-*
> *solación.*
>
> Horacio Bonar

A LOS DIEZ AÑOS DE EDAD, UN NIÑO TODAVIA,
Russell Davis ya sabía lo que era vivir en constante dolor.
Durante cuatro años batalló contra el cáncer. Un sábado en
que se encontraba de nuevo en el hospital, le escribió la
siguiente nota a su mejor amigo:

Querido Brian. ¿Cómo te va? Yo estoy bien aquí
en el hospital aunque tengo un poco de sueño. Yo sé
que tú te preocupas un poco por mí, pero no te
preoucupes mucho. Puedes venir a verme, si tienes
tiempo, si esto te va a hacer sentir mejor.

Cuando muera, si muero pronto, no te preocupes,
porque estaré en algún lugar especial en el cielo. Y yo
sé que, más pronto de lo que me puedo imaginar, tú
estarás allá en el cielo conmigo, porque mil años en
la tierra son sólo un minuto en el cielo.

Yo sé que me vas a extrañar cuando me haya ido;
pero acéptalo como lo hiciste en el caso de tu tío. Mi

mamá te va a dar algo mío para que me recuerdes siempre. Con amor, Russell".

Tres días después Russell pidió que le dieran un sorbo de agua, y dijo: Te amo, mami. Te amo, papi". Y se fue a la presencia del Señor. Hay personas que escriben mejores sermones cuando mueren que los que otros escriben durante toda una vida de predicar.

A menudo nos preguntamos por qué Dios no permitió que ese niño o aquel joven viviera el curso normal de una vida aquí en la tierra. Yo estoy convencido de que Dios prepara a algunos de sus preciados niños para que influyan en las vidas de sus compañeros en sus años formativos. La Biblia dice: "Estimada es a los ojos de Jehová la muerte de sus santos" (Salmo 116:15).

Nos preguntamos, ¿qué de estimada tiene la muerte? Dios sabe que después que hallamos cumplido con el propósito por el cual estamos en este mundo, nos espera algo muchísimo mejor. Mientras más joven se lleva Dios a uno de sus hijos, de manera más inequívoca les muestra a la gente la realidad de Cristo.

¿Dónde está el cielo?

El cielo es un lugar, no sólo una experiencia. Jesús dijo: "Voy pues, a preparar lugar para vosotros. Y si me fuere ... vendré otra vez, y os tomaré a mí mismo, para que donde yo estoy, vosotros también estéis" (Juan 14:2-3). El cielo no se puede comparar con nada de la tierra, y es un lugar que no se parece a nada que el hombre pudiera construir. El cielo es "la casa de mi Padre". Antes de morir en la cruz, Cristo reunió a sus discípulos en el aposento alto y les habló acerca de un hogar. Les dijo: "En la casa de mi padre muchas moradas hay" (Juan 14:2). El vocablo "morada" nos habla de un lugar de descanso. El cielo es un lugar de descanso. Si yo le digo al Señor que estoy cansado, al llegar a su casa, él me dirá: "Descansa, Billy". Dios descansó en el séptimo día de la creación, así que no va en contra de su voluntad que él nos diga que descansemos. Pero también habrá actividad. Yo me imagino el cielo como un lugar donde se trabaja siempre y nunca uno se cansa. El cielo no ha de ser una eterna siesta dominguera.

En nuestra juventud puede ser que anhelemos salir de nuestro hogar y vivir por nuestra propia cuenta. No queremos vivir bajo las reglas y restricciones de nuestros padres. Pero cuando las tormentas de la vida nos derriban, con frecuencia añoramos volver a la seguridad que nos brinda el hogar. Pero el hogar que subsiste en nuestra memoria puede que ya no exista, ni tampoco la seguridad que antes nos brindaba. En el cielo estaremos seguros y protegidos para siempre.

Hay creyentes que en la actualidad están postrados en una cama de un hospital. Otros están padeciendo enfermedades horribles o están presos en un campamento de trabajo forzado. Añoran sus hogares, donde pueden hallar alivio del dolor y el amor que tanto necesitan. El hogar y el amor que les espera es Jesucristo mismo. Y por lo que él hizo, estarán en el cielo ¡por fin y para siempre!

El cielo es un lugar.

Cuando la muerte nos mira de frente, la vida nuestra después de la muerte adquiere renovada importancia. Phil Manly, capellán del gigantesco Centro Médico de la Universidad del Sur de California, en los Angeles, tiene cientos de anécdotas que contar acerca de la cosecha de almas en los hospitales. El relata lo siguiente: "Una señora de cincuenta y ocho años de edad que padecía de cáncer, y que en dos ocasiones estuvo en peligro de perder la vida, le pidió al Señor que la transformara a Su imagen. Un joven, al enterarse de que tenía SIDA, pidió una entrevista con el capellán y recibió a Cristo esa misma noche. Un joven y su esposa recibieron a Cristo en el pabellón donde estaban ingresadas las personas que habían sufrido quemaduras. El había hecho el intento de prenderle fuego al automóvil de otra persona para vengarse; pero fue él quien terminó sufriendo serias quemaduras".

Todos nosotros debemos prepararnos para encontrarnos con Dios mientras estemos vivos. Un día todos compareceremos ante el trono de Dios para dar cuenta de nuestra vida. Las palabras más tristes que podamos concebir han de ser las que el Señor dirigirá a aquellos que no se prepararon: "Nunca os conocí; apartaos de mí" (Mateo 7:23).

Hogar y jardines preciosos

Cuando la primavera llega a nuestro hogar en la montaña, mi esposa se va para el jardín. Ella siempre ha mantenido el hogar cómodo y bonito para la familia. Cuando me encuentro en una habitación de un hotel en alguna ciudad en otra parte del mundo, a menudo me pongo a pensar en nuestro hogar en la montaña, que está repleto del amor y de los recuerdos de toda una vida.

Pensamos en los lugares más bellos del mundo. En Suiza, cuando el sol se asoma sobre las cimas de los montes cubiertos de nieve e ilumina las laderas repletas de flores silvestres. En un lago de aguas cristalinas, rodeado de pinos. En una playa caribeña, de arenas blancas y tibias aguas. En una noche en el oeste desierto, con un cielo aterciopelado repleto de estrellas. En un cómodo sillón reclinable, un buen libro y una taza de chocolate caliente, delante de una hoguera, mientras afuera cae la nieve.

El cielo ha de ser mucho más que todo esto, porque se trata de la casa del Padre, y él es el Dios de la belleza. La misma mano que creó la belleza de este mundo, tiene un lugar mucho más bello preparado para nosotros.

El hombre ha contaminado la tierra sobremanera, pero en el cielo no tendremos que preocuparnos por la pureza del ambiente. El agua será pura, el aire estará limpio, y no harán falta basureros, ni habrá necesidad de reprocesar papel y latas desechados.

En Apocalipsis, cuando Juan tuvo una vislumbre del cielo, la única imagen que le vino a la mente para describirlo fue la de una novia en el día de la boda. Tengo tres hijas y dos nueras. Todas, sin excepción, fueron novias muy bellas, pero su belleza fue sólo un reflejo deslustrado de lo que es el cielo.

Si nos maravillamos y nos llenamos de emoción cuando presenciamos la belleza que el Señor nos ha dado en esta tierra, estoy convencido de que vamos a recibir sorpresas maravillosas cuando lleguemos al cielo.

La felicidad es el cielo

Sé de muchas moradas preciosas donde no hay felicidad. Si echamos un vistazo a nuestro alrededor a hacia nuestro interior, tenemos que admitir que vivimos en un planeta en el que la felicidad no abunda. Sólo basta con que nos detengamos en una esquina de cualquiera de las grandes ciudades del mundo y observemos los rostros de los transeúntes. Cuando lleguemos al cielo todos los elementos que producían infelicidad desaparecerán. Imaginémonos un lugar donde no existen ni pecado, ni inseguridad, ni pleitos, ni egoísmo, ni racismo, ni malentendidos, ni sentimientos heridos, ni preocupaciones, ni dolor, ni enfermedades, ni sufrimiento, ni muerte.

El cielo estará colmado de música y de canto. Sus habitantes cantarán un "nuevo cántico", con el que se dará gloria a Jesucristo, quien fue inmolado y nos redimió "para Dios, de todo linaje y lengua y pueblo y nación" (Apocalipsis 5:9).

> La misma mano que creó
> la belleza de este mundo,
> tiene un lugar mucho más bello
> preparado para nosotros.

Se nos dice que una gran multitud cantará: "¡Aleluya, porque el Señor nuestro Dios Todopoderoso reina!" (Apocalipsis 19:6). El oratorio *El Mesías*, de Handel, cantado por el mejor coro del mundo, no se puede comparar con el coro celestial. Cuando Bev Shea canta en nuestras cruzadas, como ha hecho desde el comienzo, recibo bendición como no la recibo de ningún otro cantante. El cielo resonará con voces como la suya.

No habrá aburrimiento

El cielo será un lugar donde habrá que trabajar. Puede que sea la clase de trabajo que nunca hemos realizado en esta tierra. No habrá frustraciones, ni autopistas, ni fracasos, ni cansancio. Nuestro director de cantos, Cliff Barrows, y nuestro solista especial, Bev Shea, han trabajado conmigo por espacio de cuarenta años. Ellos bromean conmigo diciéndome que cuando lleguemos al cielo yo estaré desempleado, pero ellos no.

¿Ha hecho usted alguna vez algo que ha sido tan estimulante y gratificador que deseaba que no terminase jamás? Alguien ha dicho que no hay trabajo tan agotador como el no hacer nada. El trabajo que realizaremos en el cielo ha de ser estimulante y gratificador.

En Apocalipsis 22:3, Juan escribió lo siguiente: "Sus siervos le servirán". A cada uno de nosotros se nos dará una tarea que disfrutaremos. Algunos han de ser los cocineros que prepararán platos celestiales. Otros jugarán con los niños. Quizás nos tocará cuidar de los jardines o pulir los arco iris. Nuestra imaginación no tendrá límites. Cualquier cosa que nos toque hacer, lo haremos para servir al Señor. ¡Imagínense, que a uno le encante el trabajo que le toque realizar y no se aburra nunca del mismo!

La reunión familiar definitiva

¿Ha estado usted alguna vez en un lugar desconocido en el que ha tenido la alegría de ver una cara conocida? Ninguno de los que entrará a la casa del Padre se sentirá solo o como extranjero, puesto que nuestros amigos estarán allá. Hasta nos sorprenderemos de las personas que nos encontraremos en el cielo.

A mi esposa le encanta el siguiente poemita, que en alguna parte se encontró. Ella no sabe quién lo escribió ni de dónde salió. Dice así:

Cuando llegues al cielo
De seguro verás
Muchas caras que allí
No esperabas hallar.
No mires a tu lado,
ni muestres extrañeza,
Pues para muchos verte allí
Será una sorpresa.

Si usted es creyente, allá verá a sus familiares y amigos que recibieron a Cristo. Y nuestra reunión familiar incluirá a todos los personajes bíblicos que usted siempre ha deseado conocer. Tanto los personajes del Antiguo Testamento como los del Nuevo nos recibirán y también contestarán todas esas preguntas que siempre hemos querido hacerles. No tendremos prisa ni hará falta hacer cola, puesto que podremos disfrutar toda una eternidad.

La Cabeza del hogar

En la casa de Dios habrá felicidad porque Cristo estará allí. La vida con Cristo es amor sin fin; sin Cristo es un fin sin amor. En Apocalipsis 22 se nos dice que veremos su rostro. Hemos visto pinturas y películas en las que se representa el cuerpo y la cara de Cristo. Pero nadie sabe cómo era la apariencia de Jesús, salvo aquellos creyentes que le vieron en persona y que ahora están con él.

> *Habrá millones de*
> *cristianos en el cielo,*
> *pero Jesús nos conocerá*
> *a todos individualmente,*
> *y nosotros le conoceremos a él*
> *mejor que nunca.*

¿Ha estado usted en medio de una multitud, estirándose para ver a un importante dignatario? ¿Ha estado alguna vez en una reunión o en un retiro donde ha deseado que el orador lo vea y lo reconozca? Habrá millones de cristianos en el cielo, pero Jesús nos conocerá a todos individualmente, y nosotros le conoceremos a El mejor que nunca. "Ahora vamos por espejo, oscuramente; mas entonces veremos cara a cara. Ahora conozco en parte; pero entonces conoceré como fui conocido" (1 Corintios 13:12).

Dios conoce nuestros corazones. Nada se puede ocultar de su vista. Dios nos conoce con exactitud, pero sucede que con frecuencia él parece estar muy lejos de nosotros. El es el Dios que está presente, pero que no parece ser real. En el cielo habremos de conocerle en toda la majestad de su gloria.

Pero a mí me encanta esta tierra

No es malo amar la vida. Es más, debemos disfrutarla al máximo. En el cielo todo lo disfrutaremos más. Pablo dijo: "Porque para mí el vivir es Cristo, y el morir es ganancia" (Filipenses 1:21).

¿Cuál será la ganancia? Me imagino que lo que nos gustaba en la tierra lo disfrutaremos con muchísimo mayor placer en el cielo.

Es probable que no estemos casados en el cielo. Aquellos que amamos profundamente a nuestro cónyuge no nos alegra mucho esta noticia, pero mientras más pienso en las promesas celestiales, más creo que lo que Dios nos tiene reservado nos va a producir mucho más gozo y ha de ser mucho más deleitable y maravilloso que lo que ahora disfrutamos.

Yo confío en Jesús para el mañana eterno que me aguarda, y estoy seguro de que él dará respuesta a todas las interrogantes que podamos tener en el presente. Habrá comprensión entre nosotros, puesto que existirá un idioma universal, a saber, el del amor; esto nos permitirá hablar sin impedimento con aquellos que vivan en otras naciones de la tierra. Las dificultades en la comunicación serán superadas.

La noche llega a nuestro planeta llena de sombras y peligros. En numerosas ciudades de nuestro planeta se nos advierte que no salgamos de noche. Pero en el cielo no habrá noche. No hará falta dormir, porque el sueño aquí en la tierra nos sirve para restaurar nuestras fuerzas. En el cielo no habrá pérdida de energías, así que el sueño no será necesario.

Durante la noche se cometen muchos crímenes. En el cielo no habrá maldad y la luz que nos iluminará será un reflejo de la luz del mundo: Jesucristo.

¿Extrañaremos nuestra vida aquí en la tierra? ¡Ni nos acordaremos de la misma! Isaías dijo: "Porque he aquí que yo crearé nuevos cielos y nueva tierra; *y de lo primero no habrá memoria, ni más vendrá al pensamiento"* (65:17, énfasis añadido).

El cielo es una ciudad

Cuando el libro de Apocalipsis se escribió, las ciudades eran sitios de refugio, de compañía, y de seguridad. Hoy son sinónimo de superpoblación, de crimen y de corrupción. El cielo, como ciudad, ha de ser como la primera descripción, no la ciudad como la conocemos en la actualidad.

En Apocalipsis se nos presenta el cielo como una ciudad: la nueva Jerusalén. Esta es la ciudad donde viviremos eternamente. La ciudad tendrá espacio para albergar a todos los creyentes, sin que haya superpoblación.

> *Creo que lo que Dios nos tiene reservado*
> *nos va a producir mucho más gozo,*
> *y ha de ser mucho más deleitable y maravilloso*
> *que lo que ahora disfrutamos.*

A través de los siglos a las mujeres les han gustado las joyas. La nueva Jerusalén tendrá puertas de perlas, calles de oro y el cimiento de los muros de la ciudad ha de ser como una vidriera de la famosa tienda Tiffany's, pero con muchísimo mayor esplendor.

En la calle principal de la nueva Jerusalén estará plantado el árbol de la vida. Todos tendrán acceso a este árbol. Juan nos lo describe de la siguiente forma: "Produce doce frutos, dando cada mes su fruto; y las hojas del árbol eran para la sanidad de las naciones" (Apocalipsis 22:2). El árbol de la vida ha de lograr lo que jamás han conseguido las Naciones Unidas, los dirigentes de las naciones, los embajadores, y las misiones de paz. La armonía reinará en el cielo.

Ni a mi esposa ni a mí nos gustan las ciudades. No nos interesan las "mansiones fastuosas". Nos gustan las casas hechas de troncos, más o menos primitivas, cómodas y sencillas. ¿Será que cada quien verá a través de sus propios ojos, de manera distinta? ¿Que lo que a uno le parezca una ciudad hecha de piedras preciosas a otro le parecerá una cabaña de troncos, sobre una montaña?

La lucha para sostener a nuestras familias se ha hecho más difícil cada día. La inflación, los impuestos, el alto costo de los seguros, y demás, han tenido efectos dañinos en nuestras vidas. En el cielo no tendremos que preocuparnos por el dinero, puesto que allá no existirá. La Biblia nos dice que Cristo nos dará de beber "gratuitamente de la fuente del agua de la vida" (Apocalipsis 21:6). En el cielo no trabajaremos para ganar un sueldo, pero sí lo haremos por el gozo y la satisfacción de crear y producir.

Nuestras posibilidades logradas a plenitud

Una de las más grandes causas de inseguridad para el hombre es el temor al fracaso. La vida no consiste en una serie de éxitos, puesto que fracasamos en el empleo, en los negocios, en nuestro trato con la gente y en nuestros esfuerzos profesionales. En el cielo no fracasaremos nunca. Tendremos éxito en todo lo que emprendamos, porque ya "no habrá más maldición" (Apocalipsis 22:3). Aquel que nunca sacó notas sobresalientes, o tuvo un lugar de aparcamiento exclusivo, con su nombre y todo, ha de ser tan importante como el presidente de una gran corporación, o como el famoso concertista.

En términos espirituales, estaremos cerca de Dios, porque su pueblo vivirá en presencia suya y lo alabará continuamente. No habrá épocas de sequía en nuestra experiencia espiritual, puesto que viviremos gozosos para siempre con el Señor.

Yo pienso que cuando lleguemos al cielo nuestras posibilidades serán logradas a plenitud. Cuando Dios tenga completo control de nuestra vida, entonces descubriremos lo que verdaderamente podemos ser. Aquí en la tierra utilizamos sólo una pequeña parte de nuestra capacidad. Pero en el cielo los talentos que Dios nos ha dado se desarrollarán al máximo.

Juntos para siempre

Un poeta desconocido escribió lo siguiente:

> En este mundo, oscuro de pecado y de dolor, en que moramos,
> sólo para separarnos otra vez nos encontramos.
> Pero cuando al cielo lleguemos,
> finalmente, nos encontraremos para juntos estar eternamente.
> Las angustias que en el presente tenemos
> desaparecerán por el gozo en que en aquel día sentiremos.

Las glorias del cielo se multiplicarán como resultado de toda la gente que allí conoceremos. Cuando aquí en la tierra nos ocurre algo muy bueno, lo queremos compartir con otra persona. ¿No ha de ser emocionante cuando podamos compartir el cielo con nuestros hijos, nuestros padres, nuestros amigos y con todos los grandes personajes que nos han precedido?

La victoria final

En este mundo de hoy nos hallamos en medio de un campo de batalla. Comprendemos a Pablo, cuando nos dice que en todo fue atribulado y que tuvo: "de fuera, conflictos; de dentro, temores" (2 Corintios 7:5).

En la batalla de la vida nos vemos enfrascados en un encuentro de lucha libre, no sólo contra carne y sangre, sino "contra principados, contra potestades, contra los gobernadores de las tinieblas, ... contra huestes espirituales de maldad" (Efesios 6:12). Y nos preguntamos si algún día ganaremos la lucha. Todos los hijos de Dios entonarán cantos de victoria al final. Todos los soldados cansados de la batalla podrán al fin descansar.

Cada vez que veo a un atleta venir de atrás y obtener la medalla de oro, o un equipo que tiene todas las de perder anotar los puntos que le dan la victoria, faltando sólo segundos para que termine el juego, me acuerdo de lo que dijo Pablo. "He peleado la buena batalla, he acabado la carrera, he guardado la fe. Por lo demás, me está guardada la corona de justicia, la cual me dará el Señor, juez justo, en aquel día" (2 Timoteo 4:7-8).

Se han escrito libros y se han contado muchas anécdotas acerca de las visitas de los extraterrestres a nuestro planeta. Los cristianos son en verdad extraterrestres que han aterrizado por un tiempo en este planeta, para luego regresar a su verdadero hogar. Pablo esperaba ansioso el día en que finalmente habría de recibir su corona de gloria. Nosotros debemos vivir de la forma en que Pablo vivió, sirviendo a Cristo fielmente y esperando su regreso, ya sea para ser arrebatados con él en las nubes, o que nos toque llegar a su presencia antes de este evento.

Puede ser que falte muy poco para que la llegada de ese día sin fin se haga realidad. Unos cortos años, o breves momentos, y entraremos en la ciudad eterna, nos sentaremos bajo la sombra del árbol de la vida y beberemos el agua cristalina. En la tierra sólo hemos probado de antemano lo que significa amar y ser amado.

¿Está listo usted? Yo sé que estoy preparado para encontrarme con el Maestro, pero no por ser predicador o escritor. Estoy preparado porque, hace mucho, yo le confesé mis pecados al Señor y le pedí que entrara en mi vida y que hiciera de mí lo que él quisiera.

Esta es una decisión de la que nadie se va a arrepentir, ni en esta vida ni en la venidera. "Pues tengo por cierto que las aflicciones del tiempo presente no son comparables con la gloria venidera que en nosotros ha de manifestarse" (Romanos 8:28).

Una voz del "más allá"

Después de la Guerra del Golfo celebramos una cruzada en la ciudad de Seattle, en el estado de Washington. El presidente Bush proclamó el 7 de marzo de 1991, como día de celebración por la liberación de Kuwait y por el cese de hostilidades en el golfo Pérsico. Para esta ocasión habíamos invitado a una señora para que le dirigiera la palabra a las miles de personas que asistieron a la cruzada. No me cabe duda de que ella debió de haber estado nerviosa, pero lo que nos contó conmovió a todo el mundo.

A continuación reproduzco parte de lo que la señora Shirley Lansing nos relató:

> Quiero contarles una historia acerca de mi hijo, John Kendall Morgan, primer suboficial del ejército de los Estados Unidos de América, que servía en la Operación Tormenta del Desierto. John le entregó su vida al Señor cuando era muy joven... En aquel momento aquella decisión no parecía ser de mucha importancia, pero sí lo era. Hace algunas semanas dos oficiales tocaron a la puerta de nuestra casa y nos dijeron que les pesaba tener que informarnos que nuestro hijo había muerto en combate. Los iraquíes habían derribado el helicóptero en que volaba.

> Cuando John subía al avión que habría de transportarlo a Arabia Saudita, le entregó a Lisa, su novia, un libro de bodas, para que así iniciaran los planes para la boda. Lo que les estoy diciendo brota de mi corazón y de mi dolor, puesto que sólo Dios puede concederme la fortaleza para estar de pie ante ustedes,

238   ESPERANZA PARA EL CORAZON AFLIGIDO

contándoles todo esto. Pero lo que les estoy diciendo tiene mucha importancia. Cada uno de ustedes tiene que tomar la misma decisión que mi hijo tomó. En este momento pueden escoger lo que desean hacer, pero no sabemos por cuanto tiempo tendremos la oportunidad de tomar esa decisión.

Tres semanas antes de su muerte, John escribió dos cartas, para que se abrieran "en caso de que muera". Después de haber recibido la noticia, abrimos nuestra carta, que decía así: "En caso de que tengan que abrir esta carta, les ruego que no se preocupen. Yo estoy bien.... *Ahora yo sé algo que ustedes desconocen: ¡Cómo es el cielo!*"

Un día nosotros también lo sabremos.

Notas

Capítulo 1 Un mundo en aflicción

1. Revista *Time*, Diciembre 3, 1990, 45.
2. Ibid., 46.
3. Semanario *U.S. News & World Report*, Septiembre 24, 1990, 37.
4. Revista *Time*, Mayo 7, 1990, 92.
5. Ibid., 99.
6. Francis Schaeffer, Polución y muerte del hombre, (Wheaton, Ill.:Tyndale House, 1970), 3-4.
7. Alejandro Soljenitsyn, El archipiélago Gulag, (New York.: Harper & Row, 1973), 3-4.
8. Los Angeles Times, Octubre 12, 1990, A13.
9. Russell Chandler, *Understanding the New Age* (Dallas: Word Publishing, 1988), 104.
10. Horatius Bonar, *When God's Children Suffer* (Grand Rapids, Mich.: Kregel Publications, 1981), prefacio.

Capítulo 2 El inagotable amor de Dios

1. Lloyd Ogilvie, *Ask Him Anything* (Dallas: Word Publishing, 1981), 13.
2. Francis Schaeffer, *The Mark of the Christian* (Downers Grove, Ill.: Inter-Varsity, 1976), prefacio.
3. Richard Wurmbrand, *In God's Underground* (New York: Fawcett World Library, 1968), 28.

Capítulo 3 Sobre todos llueve un poco

1. Charles Colson, *Against the Night* (Ann Arbor, Mich.: Servant Book, 1989), 165.

Capítulo 5 Por qué sufrió Jesús

1. Philip Yancey, *Where Is God When It Hurts?* (Grand Rapids, Mich.: Zondervan, 1990), 156.

Capítulo 6 ¿Quién pecó?

1. H. L. Ellison, *A Study of Job* (Gran Rapids, Mich.: Zondervan, 1971), 19.
2. Philip Yancey, *Where Is God When It Hurts?* (Grand Rapids, Mich.: Zondervan, 1990), 89.
3. Charles Colson, *The God of Stones and Spiders* (Wheaton, Ill.: Crossway Books, 1990), 99.

Capítulo 7 Por qué sufren los hijos de Dios

1. C.S. Lewis, El problema del dolor (New York: Macmillan, 1955), 93.
2. Horacio Bonar, *When God's Children Suffer* (Grand Rapids, Mich.: Kregel Publications, 1981), 28.
3. Clebe McClary con Diana Barker, *Living Proof*, (Pawleys Island, S.C.: Clebe MaClary, 1978), 140.
4. Hellen Keller, *Lines to Live By* (Nashville: Thomas Nelson, 1972), 162.
5. Corrie ten Boom, *A Prisoner and Yet* (London: Christian Literature Crusade, 1954).

Capítulo 8 Cuando sufro, ¿qué hago?

1. Oswald Chambers, *My Utmost for His Highest* (Westwood, N.J.: Barbour & Co., 1963), 32.
2. Los Angeles Times, Febrero 16, 1990, C9.
3. Amy Carmichael, *Rose from Brier* (Fort Washington, Pa.: Christian Literature Crusade, 1973), 12.

Capítulo 9 Cuando el corazón se quebranta

1. Doug Sparks, Esperanza para el que sufre (Colorado Springs, Colo.: Navpress, 1990), 6.
2. Barbara Johnson, *Stick a Geranium in Your Hat and Be Happy* (Dallas: Word Publishing, 1990), 41.
3. Ibid., 57.
4. Los Angeles Times, Febrero 16, 1991, A5.
5. David Jeremiah con C.C. Carlson, *Exposing the Myths of Parenthood* (Dallas: Word Publishing, 1988), 4.
6. David Jacobsen, "Remember Them" *Guideposts*, Marzo de 1991.
7. Señora Cowman, Manantiales en el Desierto (Grand Rapids, Mich.: Zondervan, 1966), 314.
8. Jay Kesler, *The Strong Weak People* (Wheaton, Ill.: Victor Books, 1977), 17.

Capítulo 10 El cuarto varón dentro del fuego

1. Corrie ten Boom, *He Sets the Captive Free* (Old Tappan, N.J.: Fleming H. Revell, 1977), 18-19.
2. Cale Evan Rogers, Pruebas, lágrimas y triunfos (Old Tappan, N.J.: Fleming H. Revell, 1977), 118.

Capítulo 11 Cómo orar en medio del dolor

1. Amy Carmichael, *Edges of His Ways* (London: Christian Literature Crusade, 1955), 92.
2. Doug Sparks, Esperanza para el que sufre (Colorado Springs, Colo.: Navpress, 1990), 16, 17.
3. Ruth Bell Graham, *Legacy of a Pack Rat* (Nashville, Tenn.: Oliver-Nelson Books, 1989), 151.
4. Guideposts, Julio 1990, 9.
5. Norman Vincent Peale, *How to Handle Tough Times* (Pawling, N.Y.: *Foundation for Christian Living*, 1990), 28-29.
6. J. Grant Howard, *Knowing God's Will and Doing It!* (Grand Rapids, Mich.: Zondervan, 1976), 29-30.

7. Margaret Clarkson, *The Meaning of Suffering* (Grand Rapids, Mich.: Eerdmans, 1983), 98.

Capítulo 12 Guardando para los días de tormenta

1. Bob St. John, *The Landry Legend* (Dallas: Word Publishing, 1989), 163.
2. Philip Yancey, *Where is God When It Hurts?* (Grand Rapids, Mich.: Zondervan, 1990), 164.
3. Charles Sheldon, En Sus pasos, (Grand Rapids, Mich.: Zondervan. 1967), 9.

Capítulo 13 Cómo ayudar a los que sufren

1. David Jeremiah, *Overcoming Loneliness* (San Bernardino, Calif.: Here's Life Publisher, 1983), 12.
2. Philip Yancey, *Helping the Hurting*, (Portland, Oreg.: Multnomah Press, 1984), 9.
3. Dr. James Dobson, Atrévete a disciplinar (Wheaton, Ill.: Tyndale House, 1981), 77.
4. Franklin Graham con Jeanette Lockerbie, Bob Pierce (Waco, Tex.: Word Publishing, 1983), 77, 180.

Capítulo 14 Escuela para el cielo

1. *U.S. News & World Report*, Marzo 25, 1991, 56.
2. Velma Barfield, *Woman on Death Row* (Nashville, Tenn.: Oliver-Nelson Books, 1985), 169.
3. Wilbur Smith, *Therefore Stand: Christian Apologetics* (Grand Rapids, Mich.: Baker Book House, 1965), 364.
4. John Oxenham, "A Dieu! y Au Revoir" *Lines to Live By* (Nashville: Thomas Nelson, 1972), 81.
5. C.S. Lewis *The Problem of Pain* (New York: Macmillan, 1955), 108.